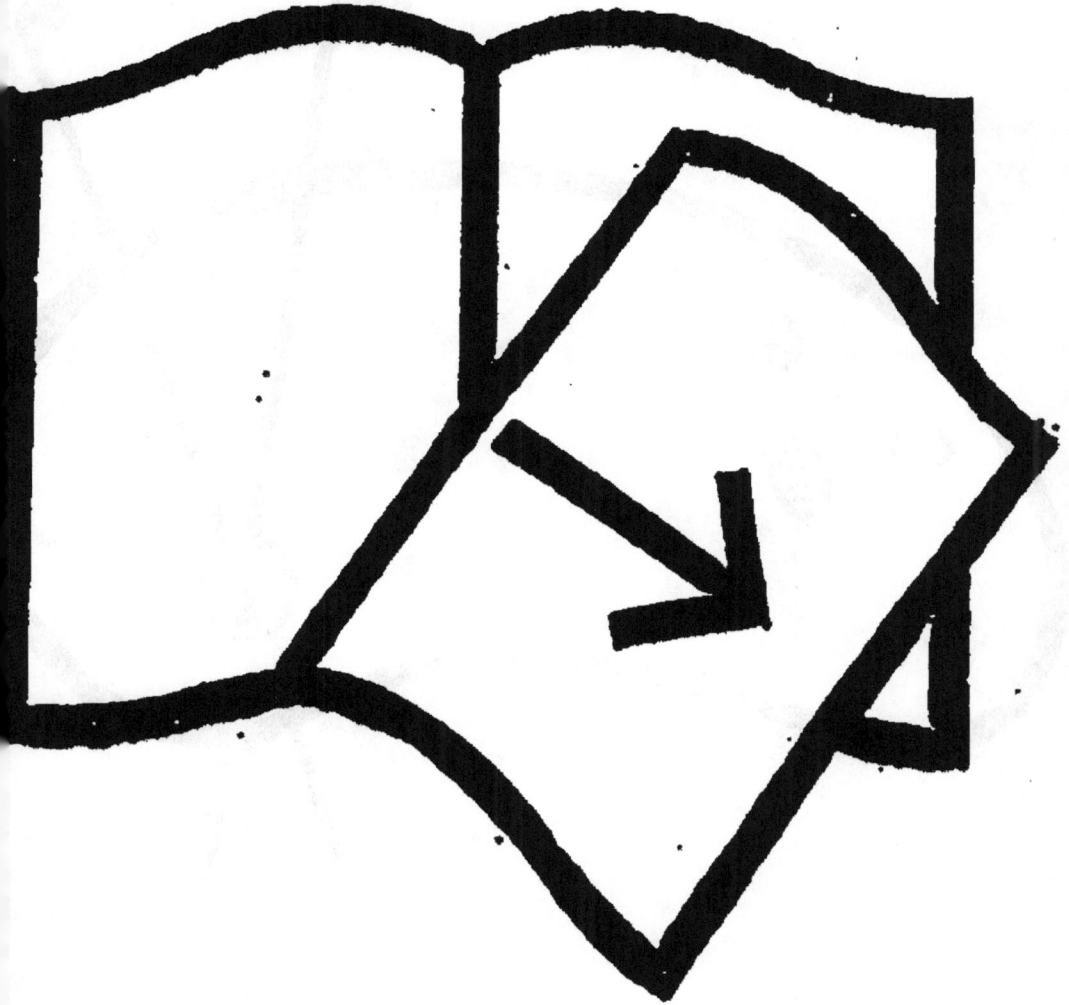

Couverture inférieure manquante

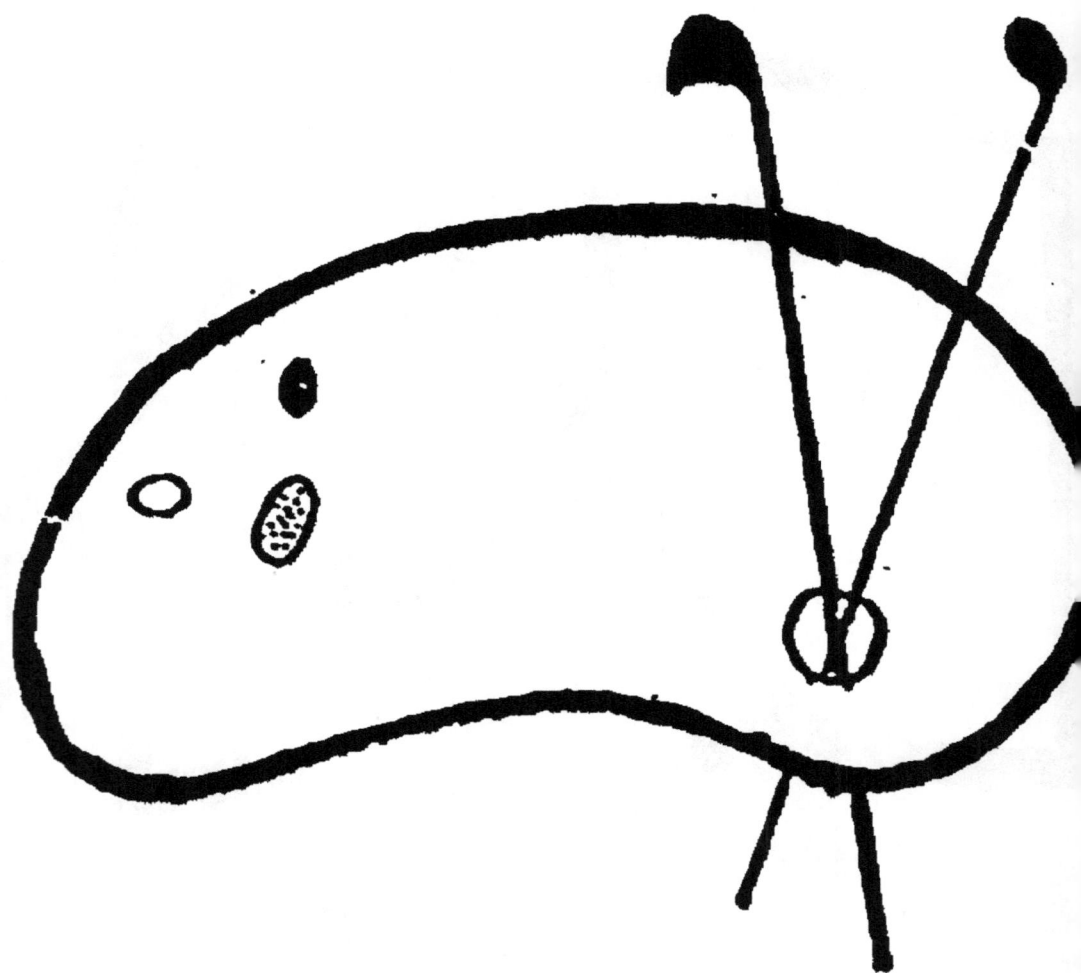

DEBUT D'UNE SERIE DE DOCUMENTS
EN COULEUR

COMTE D'AUCOURT

LES

ANCIENS HOTELS

DE PARIS

NOUVELLE ÉDITION

AVEC UN PLAN LITHOGRAPHIÉ

PARIS

H. CHAMPION

LIBRAIRE DE LA SOCIÉTÉ D'HISTOIRE DE PARIS

9, QUAI VOLTAIRE, 9

1890

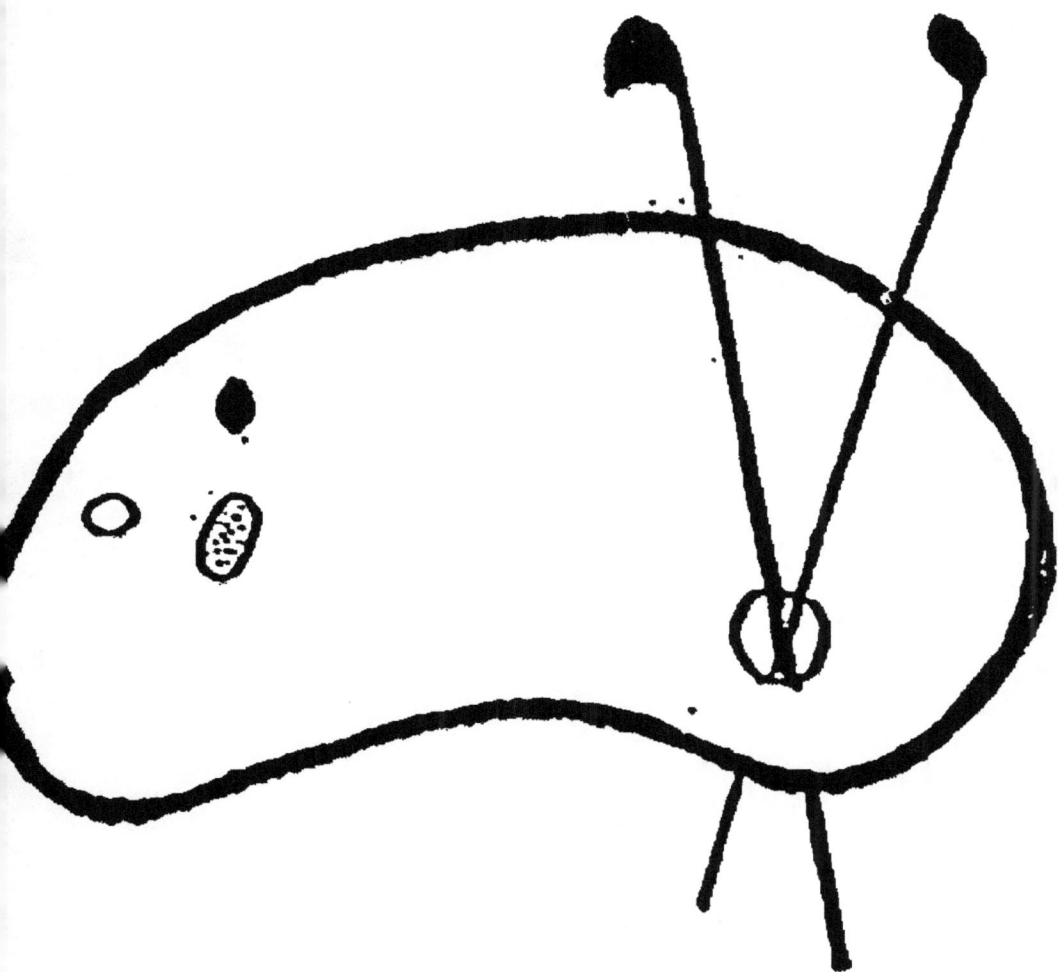

FIN D'UNE SERIE DE DOCUMENTS
EN COULEUR

LES
ANCIENS HOTELS
DE PARIS

COMTE D'AUCOURT

LES

ANCIENS HOTELS

DE PARIS

NOUVELLE ÉDITION

AVEC UN PLAN LITHOGRAPHIÉ

PARIS

H. CHAMPION

LIBRAIRE DE LA SOCIÉTÉ D'HISTOIRE DE PARIS

9, QUAI VOLTAIRE, 9

1890

En composant ce petit livre nous n'avons pas eu l'intention de faire l'histoire des anciens hôtels de Paris. Un semblable travail, comme l'a fort justement dit M. Bonnardot, absorberait toute une vie d'archéologue.

Notre but a été simplement de dresser une table de concordance au moyen de laquelle on pût reconnaître sur les différents plans de Paris et dans les ouvrages où ils sont mentionnés, les anciens Hôtels désignés successivement sous les noms de leurs différents propriétaires.

En 1880, nous avions déjà donné un premier essai de ce genre, mais il s'y était glissé un certain nombre d'erreurs. Aidé de l'Atlas des anciens plans de Paris publié par la Commission des monuments de la ville, nous avons remanié complètement notre travail. Grâce à cette importante publication et aux documents de toute sorte, imprimés, manuscrits, dessins, dont nous nous sommes entouré, nous avons pu attribuer à un plus grand nombre d'Hôtels leurs dénominations successives et augmenter le nombre des dates.

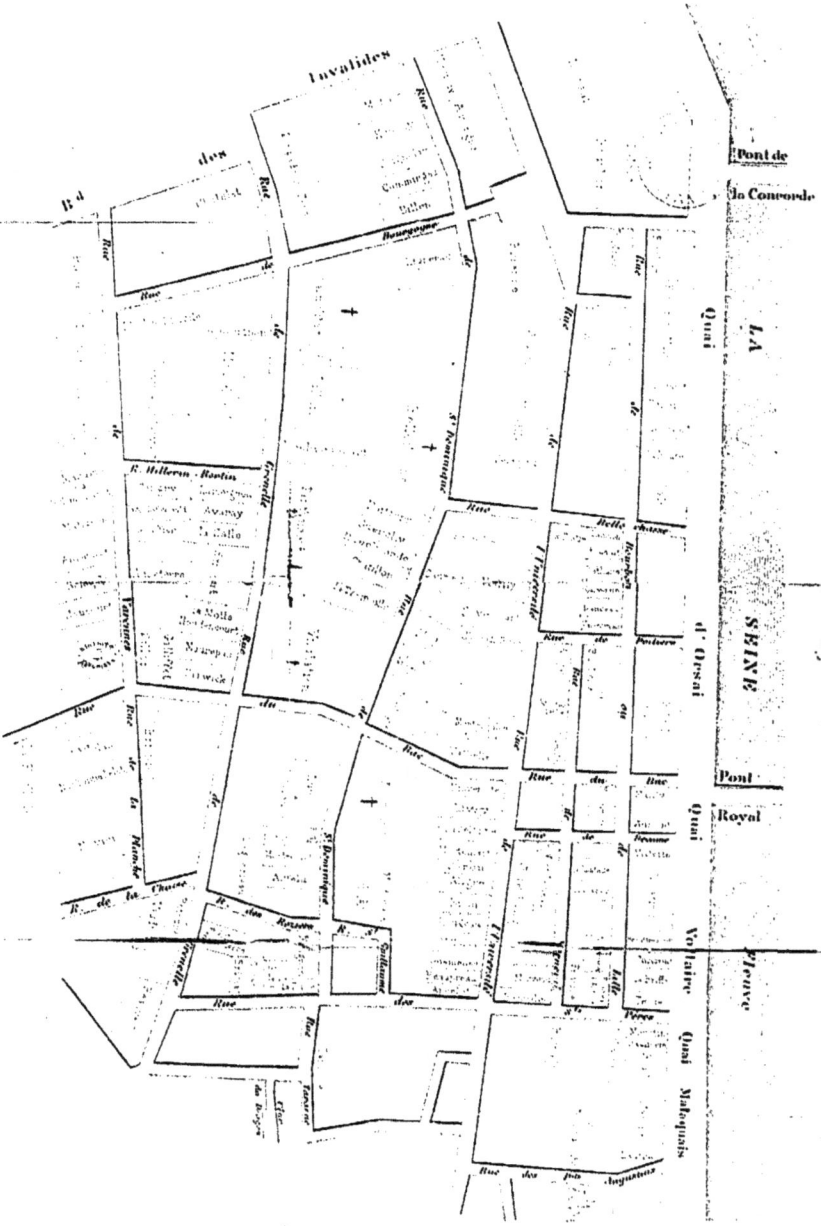

les Hôtels
du
Fbg St Germain
avant 1789

Invalides

des

B.d

Pont de
la Concorde

Quai

LA SEINE

Pont Royal

Quai Voltaire

Quai Malaquais

d' Orsai

Rue de Bourgogne

St Dominique

R. Hillerin-Bertin

0 1 2 3 4 5 6 7 8 9 10

LES

ANCIENS HOTELS

DE PARIS

A

ABRANTÈS. — *Rue Boissy-d'Anglas, 12* (rue des Champs-Élysées). — Marquise de Cauvisson. — Junot duc d'Abrantès. — Prince de Beauvau.

ABRIAL. — *Rue Oudinot* (rue Plumet), au coin du boulevard, en face des Frères. — 1789. Comte de Fézensac. — Comte Abrial.

AIGUILLON. — *Rue de l'Université, 67.* — 1728. A.-L. de Vignerot du Plessis, comte d'Agénois. — 1731. Duc d'Aiguillon. — 1848. Marquis de Chabrillant. — Ministère de la Guerre. — Entamé par le Boulevard Saint-Germain.

AIGUILLON. — *Rue de Verneuil, 33.* — 1750. Vignerot du Plessis, duc d'Aiguillon. — 1785. Cely d'Astorg.

ALBERGOTTI. — *Rue de Richelieu, 97.* — 1728. Albergotti. — Passage des Princes.

1

ALBRET. — *Rue des Francs-Bourgeois* (en face de la rue des Trois-Pavillons). — 1585. De Montmorency. — 1601. Le Charron. — 1635. De Guénégaud. — 1653. D'Albret, comte de Miossens. — 1789. Du Tillet, magistrat. — A porté aussi le nom de Hôtel de Thoré.

ALBUFÉRA. — *Rue de la Ville-l'Évêque*, 26 (un peu après le presbytère). — Maréchal Suchet, duc d'Albuféra. — Bartholdi, banquier.

ALIGRE. — *Rue de Bondy* (entre les rues de Lancry et du Faubourg-Saint-Martin), en face de l'Ambigu. — 1775. Marquis d'Aligre.

ALIGRE. — *Rue d'Orléans* (donnant rue Jean-Jacques Rousseau et rue Saint-Honoré). — De Rocquencourt, contrôleur des Finances. — Diane de Poitiers. — Brulart de Sillery. — De Harlay. — 1713. De Puysieux. — 1714. De Verthamont. — 1715. D'Aligre. — En partie détruit. — Messageries.

ALIGRE. — *Rues Saint-Honoré et de Bailleul* (entre les rues des Poulies et de l'Arbre-Sec). — Maréchal de Schomberg. — Marquis d'Aligre. — Lieu de séances du Grand-Conseil. — 1762. Exposition de peinture. — 1770. Premier Restaurant à la carte. — 1777. Bureau central des ramoneurs. — Maintenant Cour d'Aligre.

ALIGRE. — *Rue de l'Université, 15.* — 1639. J. de Bérulle. — E. d'Aligre, chancelier. — 1682. Laugeois d'Imbercourt. — 1712. Achille de Harlay. — 1716. D'Aligre. — 1812. Comte de Beauharnais.

AMBRUN. — *Quai de Béthune, 24* (île Saint-Louis), au coin de la rue Poulletier. — Dessiné par Leveau pour Denis Hesselin, prévôt des marchands. — 1669. Molé, Sr de Charonne, abbé de Sainte-Croix. — 1713. Le Nonce Apostolique. — 1720. Monerat —

1737. D'Ambrun de Montalets, intendant d'Auvergne. 1752. — Vegre, lieutenant-criminel. — Brochant. — Lechanteur. — Parent-Duchatelet, moraliste.

ANCÉZUNE. — *Rue de Lille, 111.* — 1728. D'Ancézune. — 1775. De Gramont. — 1803. Mlle Clairon y meurt. 18 janvier. — 1804. De Périgord. — 1812. Général comte Klein. — Détruit par le Boulevard Saint-Germain.

ANDREZEL. — *Rue Richelieu* (entre les rues Villedo et des Petits-Champs), en face du passage Beaujolais. — 1728. d'Andrezel.

ANGENNES. — *Rue Saint-Paul* (au coin de la rue de l'Ave-Maria). — D'Angennes. — 1728. De Beaubourg. — 1789. Godot de Girolles.

ANGENNES. — *Rue de Varennes, 51.* — 1728. De Roise, magistrat. — D'Angennes. — De Vérac. — De Rougé.

ANGIVILLIERS. — *Rue des Poulies.* — 1580. D'Alluye. — 1596. De Cipières. — D'Argenson. — De Conti. — De Tresmes. — D'Angivilliers. — 1780. Entamé par la rue d'Angivilliers. — 1854. Détruit par les rues de Rivoli et de l'Oratoire.

ANTIN. — *Rues Neuve-Saint-Augustin et Louis-le-Grand.* — 1707. De la Cour des Chiens. — 1712. Comte de Toulouse. — 1713. Duc d'Antin. — 1757. Maréchal duc de Richelieu. — Appelé Hôtel de Travers à cause de sa position. Au bout de son jardin était sur le cours le Pavillon de Hanovre. — 1790. Attaqué par la rue d'Antin. — Et en 1865 par la rue de Port-Mahon et l'Avenue de l'Opéra.

ARCHEVÊCHÉ. — *Quat de l'Archevêché* (Cité), au

flanc S. de Notre-Dame. — Construit avec la Cathédrale par les évêques de Paris. — 1831. 14 février. Pillé et saccagé. — Sur une partie de son emplacement on a construit la nouvelle sacristie.

ARCHIVES DE SAINT-LAZARE. — *Rue de Monsieur, 12.* — 1786. Archives de l'ordre de Saint-Lazare. — Pension. — Maison conventuelle du Sacré-Cœur.— Collège Arménien.

ARGENSON. — *Rue des Bons-Enfants, 19, rue de Valois, 10.* — Petit Hôtel de la Roche-Guyon. — 1713. De Bautru, Psse de Rohan-Montauban. — 1720. Chancellerie d'Orléans. — Cardinal Dubois. — 1752. Marquis d'Argenson. — Journal le *Constitutionnel.*

ARGENSON. — *Rue Vieille-du-Temple et impasse d'Argenson.* — 1728. Voyer d'Argenson.

ARGOUGES. — *Rue Bourgtibourg, 21.* — 1652. Nicolaï. — 1728. D'Argouges, lieutenant civil. — 1789. D'Outremont, jurisconsulte.

ARGOUGES. — *Rue Payenne, 9.* — 1728. D'Argouges.

ARMAGNAC. — *Rue du Carrousel.* — 1676. L. de Lorraine, comte d'Armagnac, de Charny et de Brionne, grand écuyer. — 1806. Abattu. — Emplacement de la partie nord de la cour des Tuileries.

ARMAILLÉ. — *Rue d'Aguesseau, 5.* — 1787. Marquis d'Armaillé.

ARMENONVILLE. — *Rue J.-J. Rousseau.* — 1652. De Nogaret d'Epernon de la Valette. — B. d'Hervart. — 1728. Fleuriau d'Armenonville. — 1757. Hôtel des Postes. — Donnait sur les rues J.-J. Rousseau, Pagevin et Coq-Héron.

ARRAS. — *Rue Saint-André-des-Arts* (entre les rues Pavée et Gillesqueux). — 1309. Comtes d'Artois. — 1422. Comte de Salisbury. — 1425. Louis de Luxembourg, évêque de Thérouanne, chancelier de France. — 1543. F. de Loynes.

ARSELOT. — *Rue de l'Université, 3.* — 1639. Le Coq de Corbeville. — 1750. d'Arselot.

ASFELD. — *Rue Saint-Dominique, 19* (après la rue Saint-Guillaume). — 1728. D'Asfeld. — De Béthune. — Mlle de Lespinasse. — M. Thayer.

ASSY. — *Rue de Paradis* (à côté de l'Hôtel Soubise). — De Miromesnil. — 1728. - Chavaudon, magistrat. — D'Assy. — 1842. Réuni aux Archives.

AUBETERRE. — *Rue Laffitte, 2* (au coin du boulevard des Italiens). — d'Aubeterre. — Marquis d'Hertford.

AUBETERRE. — *Rue de Varennes, 48.* — 1728. Aubeterre.

D'AUGNY. — *Rue Drouot, 6.* — 1751. D'Augny, fermier général. — 1789. Comte de Mercy-Argenteau. — — On y donne les Bals des Victimes. — Empire. Salon des Etrangers. — Maison de jeu. — 1842. Aguado de Las-Marismas. — 1848. Ganneron et Gouin, banquiers. — Mairie du IIe puis du IXe arrondissement.

AUGUIER. — *Rue de Grenelle, 99.* — 1728. Auguier, baron de Presles.

AUMONT. — *Rue de Caumartin, 2* (à l'angle du boulevard). — 1789. Duc d'Aumont. — 1808. Dominique Le Noir. — Dubois de l'Estang.

AUMONT. — *Rue de Jouy, 7.* — Bâti par Mansart. — 1713. Duc d'Aumont. — 1789. Terray, intendant de Lyon. — 1812. Mairie du IXᵉ arrondissement, ancien. — Pension. — Pharmacie centrale.

AUNEUIL. — *Rue Neuve-Saint-Augustin* (en face de l'Hôtel Conti), près la rue Gaillon. — 1728. Frémont d'Auneuil. — De Mouy.

AUVERGNE. — *Rue Saint-Dominique, 102.* — 1705. Bâti par Lassurance. — 1728. Comte d'Auvergne. — 1775. De Caraman. — 1789. De La Rochefoucauld d'Etissac. — Nonciature.

AVARAY. — *Rue de Grenelle, 85.* — 1718. Cl.-Théophile de Bésiade d'Avaray. — 1723. Horace Walpole, ambassadeur d'Angleterre. — 1727. De Bésiade d'Avaray. — Duc d'Avaray.

AVEJAN. — *Rue de Verneuil, 53-55* (au coin de la rue de Poitiers). — D'Avejan. — 1775. de Belzunce. — 1785. de Montboissier.

B

BALINCOURT. — *Rue Basse-du-Rempart 4.* (entre les Hôtels Montmorency et d'Osmond). — 1787. De Balincourt. — Théâtre du Vaudeville et voisinage.

DE LA BALUE. — *Place Vendôme, 22* (pan coupé Est). — 1728. De Nocé. — De Curzay. — Magon de la Balue, financier. — 1812. Général Hulin, 1ʳᵉ division militaire. — Etat-major de la garde nationale.

BARBANSON. — *Rue de Babylone, 18.* — 1789.

Comte de Barbanson. — 1812. De Caraman. — Détruit par la rue Vanneau.

BARBEAUX. — *Rue des Barres*, 25 (Ave-Maria), vis-à-vis de l'Ave-Maria et sur le quai des Célestins. — Hôtel de l'Abbaye de Portus-Sacer ou des Barbeaux. — Marché de l'Ave-Maria.

BARBETTE. — *Entre les rues Vieille-du-Temple, des Francs-Bourgeois, Payenne, Parc-Royal et de la Perle.* — 1300. Étienne Barbette. — Jean de Montaigu. — 1403. Isabelle de Bavière. — De Brézé, comte de Maulevrier. — Diane de Poitiers, duchesse de Valentinois. — 1561. Démoli. — La rue Barbette a été percée sur son emplacement.

LA BASINIÈRE. — *Quai Malaquais* (contre l'Hôtel de Bouillon). — 1688. De la Basinière. — 1727. De Montmorency-Fosseuse. — Hérins, prieur de Ligny. — 1734. Galliot Mandat de Berny.

BEAUFREMONT. — *Rue d'Anjou-Saint-Honoré, 42* (entre le boulevard et la rue Tronson-du-Coudray, près l'Hôtel de la Compagnie Générale des Eaux). — D'Aligre. — De Beaufremont. — De Boissy.

BEAUFFREMONT. — *Quai Voltaire, 7 et 9.* — Président Perrault. — Duchesse de Portsmouth. — Michel Chamillard. — Gluck, seigneur de Saint-Port. — 1775. De Bauffremont. — 1788. Marquis de Vaubécourt.

BEAUMARCHAIS. — *Boulevard Beaumarchais* (entre la rue Daval, la Bastille et la rue Amelot). — 1789. Caron de Beaumarchais. — Détruit sous la Restauration.

BEAUMARCHAIS. — *Quai des Célestins, 14.* —

Petit Hôtel de Beaumarchais. — 1689. De la Vieuville.
— Dufay. — 1877. Comte Happey. — 1878. Rançon-
nette, graveur, y meurt. — 1885. Comte d'Aucourt.

DE BEAUMONT. — *Place Vendôme, 14* (pavillon
du milieu). — 1728. André. — De Beaumont.

BEAUNE. — *Rue du Regard, 7.* — Vicomtesse de
Beaune. — 1789. De Montmorency, prince de Robecq.
— Maréchal de Bellune. — Marquise d'Hautefeuille.

BEAUPREAU. — *Rue de l'Université, 5.* — 1639.
Pithou. — De Villegagnon. — 1675. De Bullion. —
1775. De Beaupréau.

BEAUSANG. — *Place Royale, 2.* — 1752. Marquis
de Beausang. — 1789. De Boisgelin de la Vieuville.

BEAUTRU. — *Rue Neuve-des-Petits-Champs* (au
coin de la rue Vivienne). — De Beautru-Serran. — Colbert. — Écuries d'Orléans. — Bureau des Domaines
du Roi. — 1806. Caisse de la Dette publique. — Galeries Colbert et Vivienne. — Magasins du Grand-Col-
bert.

BEAUVAIS. — *Rue Saint-Antoine (François-Miron)*
près la rue de Jouy. — 1706. Bâti par Le Peautre, pour
Mᵐᵉ de Beauvais. — 1706. J. Ory, magistrat. — 1730.
Contrôle général des Finances. — 1769. Van Eyck.
Ambassadeur de Bavière. — An VII. Maurin, muni-
tionnaire.

BEAUVAIS. — *Rue de Grenelle, 7-9* (en face de la
rue des Saints-Pères). — Zamet, évêque de Langres. —
1651. Marquise d'Antin. — 1657. De Foucault de Saint-
Germain, comte de Dognon. — 1661. Baronne de Beauvais. — 1686. Petites Cordelières de Sainte-Claire. —
1752. Saint-Simon évêque de Metz. — 1793. De Beau-

manoir de la Boissière. — 1771. Divisé en plusieurs lots.

BEAUVAU. — *Faubourg Saint-Honoré, 90* (place Beauvau). — Bâti par Camus de Mézières. — Prince de Beauvau. — 1803. Mairie du Ier arrondissement. — 1857. Ministère de l'Intérieur.

BEAUVAU. — *Rue Palatine* (au coin de la rue Garancière). — 1728. De Beauvau. — 1750. L'Aubépine, marquis de Verderenne.

BEAUVILLIERS. — *Rue du Temple* (Sainte-Avoie), entre les rues Geoffroy-l'Angevin et Michel-le-Comte. — 1652. Cl. de Mesmes, comte d'Avaux. — 1714. De Beauvilliers, duc de Saint-Aignan. — 1739. Rochechouart-Mortemart. — 1787. D'Asnières. — 1812. Mairie du VIIe arrondissement, ancien.

LA BELLINAYE. — *Rue d'Anjou-Saint-Honoré* (près la rue N.-D.-de-Grâce ou Tronson-du-Coudray et la Compagnie Générale des Eaux. — 1787. De la Bellinaye.

BELLISLE. — *Rue de Lille, 56.* — 1721. Bâti pour Fouquet, seigneur de Bellisle. — 1775. De Choiseul-Praslin. — De Demidoff. — D'Harville. — De Lépine. — Caisse des Dépôts et Consignations. — 1871. Brûlé par la Commune. — Dépôts et Consignations.

BENTHEIM. — *Rue de Lille, 94, 96, 98* (au coin de la rue de Bourgogne). — 1766. De Ruffec. — Maréchal d'Estrées. — De Salles. — 1775. Comte de Bentheim. — Divisé : 98. — Mlle Lobau. — 96. — 1788. Thiroux de Montrégard. — Maréchal Masséna, prince d'Essling, duc de Rivoli. — 94. — Ambassade de Parme. — Détruit par le boulevard Saint-Germain. — Actuellement Cercle Agricole.

BERCHENY. — *Rue de Verneuil, 58.* — 1785. De Bercheny. — Intendance de la 1re Division militaire.

BERCY. — *Rue Vivienne* (presque en face de la rue Colbert). — 1713. De Bercy. — 1728. De Breteuil.

BERGERET. — *Rue de Vendôme, 3, 5.* — 1728. Sovion et Pujol. — Peyrenc de Moras de Saint-Priest. — 1789. Bergeret de Trouville, financier.

DE BÉRINGHEN. — *Rue Saint-Nicaise* (au coin de la rue des Orties). — 1652. M. Warin, intendant des Bâtiments du Roi. — Hôtel de Roquelaure. — 1676. De Béringhen, premier écuyer. — Démoli sous Napoléon Ier. — Emplacement de l'ancien mur d'enceinte de Charles V, entre la grille du Carrousel et le pavillon de Lesdiguières.

BERNAGE. — *Rue des Saints-Pères, 13* (en face de la rue de Verneuil). — De Bernage. — 1789. Comte d'Affry. — 1812. Empire. — Police générale.

BERNE. — *Rue de Paradis, 8* (touchant à la ruelle de l'Hôtel Soubise). — 1728. Berne. — Président de la Brosse. — Le Tourneur, mestre de camp.

BERTIN. — *Rue Neuve-des-Capucines* (au coin du boulevard). — 1787. Bertin, ministre d'Etat. — 1787. Tourteau de Septeuil, receveur général des Finances. — Empire. — Berthier, prince de Wagram. — 1848. Ministère des Affaires étrangères. — Maison A. Giroux.

BÉRULLE. — *Rue Richelieu* (au coin de la rue Neuve-Saint-Marc (contre l'Hôtel Choiseul). — De Grancey. — De Guiche. — De Roquelaure. — 1787. Président de Bérulle.

BERWICK. — *Rue de Grenelle, 73* (au coin de la rue du Bac). — 1713. M. le Nonce. — 1775. De Berwick. — Castellane.

BÉTHUNE. — *Rue de la Chaise, 3.* — Comte des Vertus. — Baron de Beauvais. — 1664. Préaudeau de Chemilly. — 1789. Comtesse de Béthune-Pologne.

BÉTHUNE. — *Rue de Lille, 71.* — De Sabran. — 1842. Marquis de Quémadeuc. — 1860. Comte de Béthune.

BEZONS. — *Rue Vivienne* (en face de la rue Colbert). J. Tubeuf. — 1713. De Torcy, neveu de Colbert. — Maréchal de Bezons.

BIGNON DE BLANZY. — *Rue des Filles-Saint-Thomas* (en face du couvent, à l'angle de la rue Vivienne). — De l'Hospital. — 1728. Bignon de Blanzy, bibliothécaire du Roi.

BIRON. — *Rue de Varennes, 77* (au coin du boulevard des Invalides). — Peyrenc de Moras. — 1759. Duchesse du Maine. — Maréchal de Matignon. — 1775. — De Gontaut, duc de Biron. — Couvent du Sacré-Cœur.

BIRON. — *Rue de Varennes, 20* (de la Planche) près la rue du Bac. — 1775. De Biron.

BLOIN. — *Faubourg Saint-Honoré, 31.* — 1718. Bloin, valet de chambre de Louis XIV. — De Marbeuf. — Saligny. — Consulat. — Joseph Bonaparte. — Suchet, duc d'Albuféra.

BOISGELIN. — *Rue de Varennes, 49.* — 1788. De Boisgelin, archevêque d'Aix. — Comte de Boisgelin.

LA BOISSIÈRE. — *Rue de Clichy* (à droite contre le boulevard extérieur). — 1753. La Boissière. — Casino Robertson. — Nouveau Tivoli. — 1825. Démoli. — La Prison pour Dettes de Clichy en occupait une partie.

BONAC. — *Rue de Grenelle, 118.* — 1758. Bonac. — 1789. Bourbon-Busset, — 1812. De Chabrillant.

DU BOSC. — *Quai d'Orléans* (île Saint-Louis). — 1713. — Du Bosc.

BOUCOT. — *Rue de la Coutellerie.* — 1652. Boucot. — Détruit par la rue de Rivoli.

DU BOUCHAGE. — *Rue Saint-Honoré* (à côté de l'église de l'Assomption). — 1575. La Trémoille. — 1580. H. de Joyeuse, comte du Bouchage. — Les Minimes. — La Rochefoucauld, évêque de Clermont. — 1605. Les Jésuites. — 1623. De Gondi, marquise de Maignelay. — 1639. Les Capucins. — Les Dames de l'Assomption.

DU BOUCHAGE. — *Rue du Coq.* — 1584. H. de Joyeuse, comte du Bouchage. — 1594. Gabrielle d'Estrées. — Jean Châtel tente d'y assassiner Henri IV d'un coup de couteau. — 1608. De Montpensier. — 1616. Le cardinal de Bérulle l'achète pour y bâtir l'Oratoire.

BOUCHERAT. — *Rue Saint-Louis* (Turenne), touchant la rue des Douze-Portes. — 1652. De Guénégaud. — 1713. Chancelier Boucherat. — 1766. D'Ecquevilly. — Couvent de Sainte-Elisabeth.

BOUFFLERS. — *Boulevard des Italiens* (au coin de la rue de Choiseul). — Jardin de l'Hôtel Choiseul. — 1780. Marquise de Boufflers. — 1801. Oberkampf, industriel. — 1835. Galeries de fer. — 1837. Cercle des Arts. — Crédit Lyonnais.

BOUILLON. — *Rue Neuve-des-Petits-Champs* (au coin de la rue des Petits-Pères). — 1652. De Bouillon. — 1713. De Duras. — 1742. De Charost. — Détruit par le passage des Petits-Pères et la rue de la Banque.

BOUILLON. — *Quai Malaquais, 17.* — 1650. Macé de la Basinière, trésorier de l'Épargne. — Duchesse de Bouillon, née Mancini. — 1789. De Juigné. — Pelaprat. — Prince de Chimay. — 1887. Beaux-Arts.

BOULIGNEUX. — *Rue Michel-le-Comte* (près la rue Transnonain). — 1728. Bouligneux. — 1789. Comtesse d'Halwil. — Rue aux Ours.

BOULOGNE. — *Rue du Bac, 46 ou 48.* — Le Vayer. — De Boulogne, fermier général. — Chaptal. — Louis Veuillot.

BOULOGNE. — *Rue Saint-Dominique, 60* (à l'angle de la rue du Bac). — De Boulogne, fermier général. — 1812. Barras.

PETIT-BOURBON. — *Rues du Petit-Bourbon et de Tournon, 2, 4.* — De Bourbon, duc de Montpensier. — 1588. Sa veuve sœur des Guise. — De Chatillon.

PETIT-BOURBON. — *Rues d'Autriche et la Seine.* — 1390. L. de Bourbon, comte de Clermont. — 1527. Confisqué sur le connétable de Bourbon et rasé en partie. — 1614. La chapelle sert aux États généraux et plus tard, sous Louis XIII et Louis XIV, de salle de théâtre de la Cour. — Écuries de la Reine et Garde-Meubles. — 1758. Achevé de démolir. — Actuellement jardin du Louvre.

PETIT-BOURBON ou PETIT-LUXEMBOURG. — *Rue de Vaugirard* (contre le palais du Luxembourg). — Cardinal de Richelieu. — Duchesse d'Aiguillon. — H. de Bourbon, prince de Condé. — 1710. Anne de Bavière, princesse Palatine. — Réuni au Luxembourg. — Présidence du Sénat.

BOURDEAUX. — *Rue des Francs-Bourgeois, 14* (presque contre la rue des Trois-Pavillons). — Etienne Briois. — 1652. De Bourdeaux. — Sanguin de Livry. — Thomas de Pange. — 1728. Michaut de Montaran. — Ch. Chastel, trésorier de l'Artillerie. — Caserne de gendarmerie. — Ecole municipale.

DE BOURGADE. — *Place Vendôme, 8* (pan coupé Sud). — 1728. Delpech. — Marquis de Bourgade.

BOURGOGNE. — *Rue Pavée* (près la rue Mauconseil). — Comte d'Artois. — Jean sans peur, duc de Bourgogne. — 1548. Les Confrères de la Passion. — 1552. Les Enfants sans-souci.— 1566-1676. Comédiens de l'Hôtel de Bourgogne. — Comédie Italienne. — Halle aux cuirs. — Il n'en reste que la tour dite de Jean sans peur.

BOURNONVILLE. — *Rue Saint-Honoré* (entre les Jacobins et la place Vendôme). — 1713. De Noailles. — 1714. De Bournonville.

BOUVILLE. — *Rue de Verneuil, 13, 15.* — 1728. Académie Dugast. — 1750. Académie Dugier. — 1785. De Bouville.

DE BOYNES. — *Faubourg Saint-Martin et rues des Vinaigriers et des Récollets.* — De Boynes. — 1789. Vosgien, inspecteur de la police des fiacres.

BRAC. -- *Rue des Bernardins* (en face du cloître).—

LES ANCIENS HÔTELS DE PARIS

1728. De Brac. — 1888. Comte de Vienne, lieutenant général. — Boulevard Saint-Germain.

BRAGELONNE. — *Rue de l'Université*, 21. — 1639. Th. de Bragelonne, magistrat. — 1753. Le Clerc. — 1789. Marquis de Fargès.

BRANCAS. — *Boulevard des Italiens et rue Tait-bout, 1.* — 1789. De Brancas-Lauraguais. — Général Rapp. — Marquise d'Hertford. — Lord Seymour. — Café de Paris.

BRANCAS. — *Rue de Tournon, 6.* — 1656. Terrat, marquis de Chantosme. — Académie royale de Lamar-tinière. — De Brancas. — Marquis de Laplace, géomè-tre. — 1816. Montmorency-Laval. — Bossange, li-braire. — Renouard, libraire.

BRETEUIL. — *Place Royale, 4.* — 1717. Baron de Breteuil. — 1752. M. de Mainville. — Chevalier de Favras. — 1789. Leroi du Roulé. — Comte de Por-talis.

BRETEUIL. — *Place Royale, 12.* — 1728. De Bre-teuil. — 1752. Mgr l'évêque de Verdun.

BRETEUIL. — *Rue de Paradis* (en face du Mont-de-Piété). — 1728. Romeri et Pichon. — Le Tonne-lier de Breteuil.

BRETONVILLIERS. — *Quai de Béthune ou des Balcons* (île Saint-Louis). — Le Ragois de Bretonvil-liers, président de la Chambre des Comptes. — Maré-chal de Tallard. — 1719. Bureau général des Aides. — Ateliers de parfumerie de Chardin. Hadencourt. — Détruit en partie par le pont Sully.

DU BREUIL. — *Rue Richelieu* (en face de la rue

d'Amboise). — 1728. Mailly du Breuil, financier. —
Hôtel garni Sœhnée.

BRÉVANNES. — *Rue d'Orléans* (Charlot), 7. —
Montmorency. — 1713. Du Buisson. — 1789. Le Pileur de Brévannes, magistrat.

BRIENNE. — *Rue Saint-Dominique, 92.*— Président
Duret. — 1728. Duchesse de Mazarin, née de Mailly,
veuve en première noces de La Vrillière. — 1733. Princesse de Bourbon-Conti. — Maréchal de Richelieu. —
1775. Loménie de Brienne. — Prince Lucien Bonaparte. — 1804. Madame Mère (Lætitia Bonaparte). —
Hôtel du Ministre de la Guerre.

LA BRIFFE. — *Quai Voltaire, 3.* — 1775. Président de La Briffe. — 1788. Marquis de Saint-Aignan.

BRINVILLIERS. — *Rue Neuve-Saint-Paul (Charles V), 12.* — D'Aubray. — Marquise de Brinvilliers,
l'empoisonneuse. — 1885. Communauté religieuse des
sœurs gardes-malades de Troyes.

BRISSAC. — *Rue des Deux-Écus et rue d'Orléans.*
— 1713. De Brissac. — Chevalier Desforges.

BRODION. — *Rue des Vieilles-Audriettes, 2* (au
coin de la rue du Grand-Chantier). — 1728. Brodion.

DE BROGLIE. — *Rue Saint-Dominique, 74* (au
coin de la rue Bellechasse). — 1728. De Broglie. —
1812. Chaptal. — 1850. Armand Marrast.

BROGLIE. — *Rue de Varennes, 75* (en face de la
rue de Bourgogne. — 1704. Comte de Châtillon. —
1775. De Broglie. — 1815. Lebrun, duc de Plaisance.
— Le petit hôtel de Broglie est en face.

BROU. — *Rue de l'Université, 13.* — 1753. Président Feydeau de Brou. — 1772. Ambassade de Venise. — 1789. Amelot de Chaillou. — 1812. Dépôt d'Artillerie. — 1830. Maréchal de Bourmont.

BROU. — *Rue l'Université, 49.* — 1789. Feydeau de Brou. — 1812. De Choiseul.

BRUNET DE CHAILLY. — *Rue des Francs-Bourgeois* (au coin de la rue Vieille-du-Temple). — Tourelle remarquable. — 1519. La Balue, seigneur de Villepreux. — 1659. Brunet de Chailly. — Du Tillet, marquis de Villarceaux. — 1885. Missonnier répare la Tourelle.

BRUNOY. — *Faubourg Saint-Honoré* (près la rue de l'Élysée). — Paris de Montmartel, marquis de Brunoy, financier. — Maréchal Marmont, duc de Raguse. Général Beurnonville. — Princesse Bagration.

BRUTELLE. — *Place Vendôme, 21.* — L'Héritier de Brutelle. — Bertrand, de l'Institut. — 1808. Marquis de Méjanes.

BULLION. — *Rue J.-J. Rousseau* (près l'Hôtel des Postes). — 1630. De Bullion. — Hôtel de Ventes publiques.

C

CANILLAC. — *Rue du Parc-Royal, 2* (en face de la rue Culture-Sainte-Catherine). — 1652. Président Bordier. — De Canillac. — De Montboissier. — A été appelé aussi « des Fusées ».

CANILLAC. — *Rue de Paradis* (au coin de la rue

Vieille-du-Temple, touche la ruelle de l'Hôtel Soubise. — 1728. Marquis de Canillac. — De Flesselles. — Dodun.

CARNAVALET. — *Rue Sévigné* (Culture-Sainte-Catherine), au coin de la rue des Francs-Bourgeois. — 1550. J. des Ligneries. — Baron de Kernevenoy dit Carnavalet. — D'Agaury. — D'Argouges. — 1677. Marquise de Sévigné. — Brunet de Rancy. — De La Briffe. — De Pommereul. — Direction de la Librairie. — Empire. — École des Ponts et Chaussées. — Pension Verdot. — 1866. Ville de Paris. — 1870. Bibliothèque et Musée de la Ville de Paris.

CARVOISIN. — *Rue de Lille,* 69. — Marquis de Mouchy. — 1775. Marquis de Carvoisin.

CASSINI. — *Rue de Babylone,* 10. — 1789. Comte de Cassini.

CASTRIES. — *Rue de Varennes* 76 — 1713. Mme de Nogent. — 1775. De Castries. — 1790. Saccagé. Ministère de la Guerre. — De Castries.

CAUMARTIN. — *Rue du Temple* (au coin de la rue Michel-le-Comte. — 1714. Caumartin.

CAUMARTIN. — *Rue Saint-Louis* (Turenne), à la Fontaine dite de Joyeuse. — 1580. Miron, seigneur de l'Ermitage. — 1652. Lefèvre de Caumartin. — Pajot de Villiers. — 1728. Delpech de Cailly, président de la Cour des Aides. — Marquis de Joyeuse. — 1761. Choux de Bussy, secrétaire du Roi.

CAUMONT. — *Rue de Richelieu* (entre les rues Saint-Marc et des Fossés-Montmartre ou Feydeau. — 1728. Caumont. — 1787. Rousseau de Pantigny, financier.

CÉRUTTI. — *Rue Laffitte, 1.* — 1791. Cérutti. — M⁰ Tallien. — 1839. Café Riche. — Maison Dorée.

CHAALIS. — *Rue de Jouy.* — Abbés de Chaalis, près Senlis. — Aliéné en 1658.

CHABANNES. — *Place Royale, 17.* — 1752. Comte de Chabannes. — 1788. Marquis de Flers de la Motte. — 1789. Marquise de Thiboutot.

CHABANNES. — *Rue des Saints-Pères, 5* (en lace de la rue de Lille). — Baron de Montmorency. — De Chabannes. — Marquis de Vertillac.

CHALONS. — *Rue du Regard, 13.* — 1789. Comte de Châlons. — Orphelinat.

CHAMPLATREUX. — *Rue de Braque, 2* (au coin de la rue de Chaume). — 1652. Président Bailleul. — 1728. Molé de Champlâtreux. — Marquis de Chamilly. — 1789. De la Michodière.

CHANCELLERIE. — *Place Vendôme, 11-13.* — Luillier. — Poisson de la Bourvallais et Vallemare, financiers. — Chancellerie de France. — Ministère de la Justice.

CHARNY. — *Rue des Barres* (au coin de la rue de la Mortellerie). — 1632. Abbés de Saint-Maur. — Hôtel des Barres. — 1541. Gaulchery, bailly de Berry. — De Charny. — 1652. Bureau des Aides. — 1793. Comité civil de la Commune. — Justice de paix du IX⁰ arrondissement, ancien. — Démoli par la rue du pont Louis-Philippe.

CHARNY. — *Rue Beautreillis, 22.* — Occupait presque toute la rue, n⁰ˢ 12, 14, 16, 18, 20, 22. — De Charny.

CHAROST. — *Faubourg Saint-Honoré*, 39 (en face de la rue d'Aguesseau). — Bâti par Mazin, pour le duc de Charost. — Princesse Pauline Bonaparte Borghèse. — 1815. Ambassade d'Angleterre.

CHAROST. — *Rue de Lille*, *76*. — 1728. De Seignelay. — 1766. Mazarin. — D'Ancézune. — 1804. De Béthune-Charost. — 1842. Maréchal Lauriston.

CHAROST. — *Rue Montmartre* (en face de la rue de la Jussienne). — 1752. De Charost. — De Crécy. — Cour Charon.

CHARRON. — *Rue Saint-Louis en l'île et quai Bourbon*, *13*, *15* (à côté de l'Hôtel Jassaud). — Charron, seigneur de Villermaréchal. — L. Ph. Jacques de Vitry.

DE CHASTENOYE. — *Faubourg Saint-Honoré* (entre les rues de Penthièvre (Grande-Rue-Verte) et Matignon (Petite-Rue-Verte). — 1787. De Chastenoye.

DE CHASTILLON. — *Rue Saint-Dominique*, *65*. — 1714. De Châteauneuf (La Ferté Senecterre). — Marquis de Béthune. — 1728. De Chastillon. — 1807. De Breteuil. — 1870. Comtesse de Croix. — Entamé par le boulevard Saint-Germain.

CHATEAUNEUF. — *Rue Saint-Louis* (à côté de la rue Saint-Gilles). — 1728. Châteauneuf. — 1789. Duport, magistrat.

CHATEAUVIEUX. — *Rue Saint-André-des-Arts* (en face de la rue des Grands-Augustins). — Séjour d'Orléans. — J. de la Guesle. — Comte de Châteauvieux-Dutillet. — De La Vieuville de Villayer. — 1728. Comte de Villayer et d'Auteuil. — Librairie Furne et Cie.

DU CHATELET. — *Rue de Grenelle, 125* (au coin du boulevard des Invalides). — De Chanac, abbé de Pompadour. — De Rochechouart. — De Vauréal. — 1775. Du Châtelet. — De Guiche. — 1804. Ponts et Chaussées. — 1812. De Cadore. — Restauration. Liste civile. — Ambassade d'Autriche. — Archevêché.

DU CHATELET. — *Place Royale, 16.* — 1752. Mlle du Châtelet. — 1789. Le Coulteux de Vertron.

CHATILLON. — *Rue Pavée* (côté occidental), au coin du quai des Grands-Augustins. — Connétable Gaucher de Châtillon. — 1337. J. de Châtillon, comte de Chartres et de Blois. — J. d'Arcy, évêque d'Autun. — 1339. H. d'Arcy, évêque de Laon. — 1386. De Rouci. — L. de Luxembourg, évêque de Thérouenne. — Ducs de Savoie et de Nemours. — De l'Épine. — 1672. Démoli. — Rue de Savoie.

LA CHATRE. — *Rue de l'Université, 84* (au coin de la rue Bellechasse). — 1753. De Plouville. — 1789. Marquis de la Châtre. — 1812. Dubreton, ordonnateur en chef.

CHAULNES. — *Rue d'Enfer, 59* (maintenant rue Denfert-Rochereau, 19). — 1775. Duc de Chaulnes. — Ecole Lavoisier.

CHAULNES. — *Place Royale, 9.* — 1652. Duc de Chaulnes. — 1728. De Nicolaï. — 1858. Mlle Rachel, tragédienne.

CHAUVELIN. — *Rue des Saints-Pères, 14 ou 16* (entre les rues de Verneuil et de l'Université). — 1728. Chauvelin. — 1783. Du Rumain.

CHAVIGNY. — *Rue d'Enfer* (Cité), vis-à-vis la rue

de la Colombe. — 1775. Chavigny. — 1808. Détruit par le quai de la Cité, maintenant quai Napoléon.

CHENISEAU. — *Rue Saint-Louis-en-l'Ile* (près la rue Guillaume). — De Cheniseau, magistrat. — 1840. Archevêché de Paris. — 1848. Mgr Affre, archevêque de Paris, tué sur la place de la Bastille, y est rapporté. — Caserne de Gendarmerie.

CHEVILLY. — *Rue Basse-du-Rempart.* — 1728. De Chevilly. — Détruit pour la construction de l'église de la Madeleine.

CHOISEUL — *Rue du Grand-Chantier*, 2 (au coin de la rue des Quatre-Fils). — Comte de Choiseul-Beaupré. — Thiroux.

CHOISEUL. — *Rue Grange-Batelière ou Drouot.* — Bouret, financier. — De la Borde, financier. — De la Reynière. — Duc de Choiseul. — 1821. Opéra et dépendances. — 1873. Incendie.

CHOISEUL. — *Rue Richelieu* (rues d'Amboise et Saint-Marc). — La Ferté-Senneterre. — 1704. Crozat. — Crozat, marquis du Châtel. — Choiseul-Gouffier. — 1758. Choiseul, marquis de Stainville. — 1784. Sur son emplacement ont été percées les rues Neuve-Saint-Marc et d'Amboise.

CHOISEUL. — *Quai Voltaire,5.* — Mazarin — 1775. De Choiseul. — 1788. Comte de Choiseul-Beaupré.

CHOISY. — *Rue du Petit-Bourbon* (à l'angle de celle des Poulies). — 1470. Petit Alençon. — 1502. De Fresnoy. — 1561. Honorat de Castellan. — 1578. De Gondi de Retz, maréchal de France. — 1657. Duc de Choisy. — 1664. Abattu. Partie nord du jardin du Louvre.

CLAMART. — *Rue de la Muette* (près du boulevard Saint-Marcel). — Comte d'Armagnac. — Archevêque de Reims. — 1378. Philbert Paillard, président au Parlement. — 1423. Hôtel de Coupeaux. — 1646. Cimetière de Clamart. — Amphithéâtre d'anatomie.

CLARAMBOURG. — *Rue de l'Université, 26* (en face de l'Hôtel de Brou). — 1728. De Clarembourg. — De la Monnoye. — Maréchal de la Ferté-Seneterre. — M. de la Balivière.

LE CLÈRE. — *Rue des Francs-Bourgeois, 18.* — 1728. Le Clère de Grandmaison, magistrat. — Thomé de Rentilly.

CLERMONT. — *Rue de Varennes, 71.* — 1714. De Guilhem de Castelnau de Clermont-Lodève, marquise de Seissac. — Duchesse de Châtillon. — 1756. L. de Bourbon-Condé, comte de Clermont — 1766. De Chaulnes. — 1803. d'Orsai. — 1812. Bigot de Préameneu. — 1815. Armand Séguin. — 1838. Barbet de Jouy. — Détruit par la rue Barbet-de-Jouy.

CLERMONT-TONNERRE. — *Rue du Bac, 112* (contre les Missions). — De Clermont-Tonnerre. — Vicomte de Chateaubriand.

CLERMONT-TONNERRE. — *Rue du Cherche-Midi, 93* (au coin de la rue de Bagneux). — 1789. Comte de Clermont-Tonnerre. — Comte de Cabanis. — Lucas de Montigny.

CLESNE. — *Rue Bergère* (en face de la rue de Rougemont, à côté des Menus-Plaisirs). — Dupin du Plessis. — Marquis de Saint-Georges de Dirac. — 1742. Marquis de Mirabeau. — 1761. Mme Mérault. — 1788. Mesnard de Clesne. — Comte Roger du Nord. — 1848. Comptoir d'escompte.

CLUNY. — *Rue des Mathurins* (du Sommerard). — 1505. Bâti sur une partie des ruines de l'ancien palais des Thermes, par Jacques d'Amboise, abbé de Cluny. — 1834. M. du Sommerard. — Musée de Cluny.

COISLIN. — *Place de la Concorde, 4* (au coin de la rue Royale). — 1776. Bâti par Gabriel. — Marquis de Coislin.

COISLIN. — *Rue des Deux-Portes* (au coin de la rue du Renard-Saint-Sauveur). — 1713. De Coislin.

COISLIN. — *Rue du Grand-Chantier, 11* (Archives). — De Combault de Coislin. — Lacurne Saint-Palaye. — Clément de Basseville. — Barras.

COISLIN. — *Rue de Richelieu* (contre l'Hôtel Louvois, en face de la Bibliothèque). — Jars de Rochechouart. — 1713. Cardinal de Coislin, évêque de Metz. — 1714. Comte de Sénosan. — 1787. De Miromesnil, garde des sceaux. — Maintenant place Louvois.

COLBERT. — *Rue de l'Hôtel-Colbert* (des Rats), en face de la rue des Trois-Portes. — Colbert. — 1889. Démoli pour le prolongement de la rue Monge.

COMBAULT. — *Rue des Poulies* (à l'angle de la rue du Petit-Bourbon, contigu à l'Hôtel du Petit-Bourbon). — 1600. Robert de Combault. — François de la Béraudière, évêque de Périgueux. — 1629. Duc d'Orléans, frère de Louis XIII. — 1647. J. du Buisson. — 1666. Vendu au Roi pour l'agrandissement du Louvre. — Emplacement place Saint-Germain-l'Auxerrois, en face du guichet Est.

COMMINGES. — *Rue Saint-Dominique, 113.* — 1728. Evêque de Comminges. — 1752. Duc d'Estouteville. — 1787. Du Roure. — 1812. Chalais-Périgord. — 1842. Maréchal comte Reille.

CONDÉ. — *Rues de Condé, Vaugirard et des Fossés-Monsieur-le-Prince.* — Antoine de Corbie. — 1610. J. de Gondi, duc de Retz. — 1612. H. de Bourbon, prince de Condé. — Démoli. Théâtre de l'Odéon.

CONDÉ. — *Rue de Monsieur, 10.* — 1789. Mᴵˡᵉ de Bourbon-Condé, abbesse de Remiremont. — 1842. Comte de Beaumont.

CONDORCET. — *Rue de la Victoire* (près de la Synagogue). — Marquis de Condorcet. — Talma. — Joséphine de Beauharnais. — 18 Brumaire. — Bonaparte. — Général Lefèvre-Desnouettes. — Général Bertrand. — 1860. Abattu. — Maison de rapport.

CONSERANS. — *Rue de Taranne, 10 ou 12* (en face de la rue du Dragon). — 1728. de Conserans. — Boulevard Saint-Germain.

DE CONTADES. — *Rue d'Anjou-Saint-Honoré, 9.* 1789. De Contades. — Mairie du Iᵉʳ arrondissement. — Mairie du VIIIᵉ arrondissement.

CONTI. — *Quai de Conti* (rue Guénégaud). — Hôtel de Nevers. — 1652. De Guénégaud. — 1670. Princesse de Conti. — 1750. Hôtel des Monnaies. — La Monna ie

CONTI. — *Rue Neuve-Saint-Augustin* (place Gaillon). — Frémont, fermier général. — De Durfort-Duras, maréchal, comte de Lorges. — 1713. Chamillart. — 1728. Princesse de Conti. — 1758. Duc de La Vallière. — 1767. De Deux-Ponts. — 1780. En partie détruit par les rues de la Michaudière et de Port-Mahon. — 1804. Les Bains Chinois y ont été installés sur le boulevard,

1**

au fond du jardin. — Coin de la rue de la Michodière.

CONTROLEUR GÉNÉRAL. — *Rue Neuve-des-Petits-Champs.* — De Lionne. — 1714. Phélippeaux de
Pontchartrain.— 1783. Contrôle général des Finances.
— Empire. — Ministère des Finances. — 1725. Détruit
par le passage Choiseul et le théâtre des Italiens.

COSSE-BRISSAC. — *Rue des Saints-Pères, 56.* —
Marie de Cossé, veuve du maréchal de la Porte de la
Meilleraie. — 1701. Claude Pécoil, dont la fille épouse
le duc de Brissac. — De Castries. — 1766. De Collande,
sur le plan Deharme.

COUBERT. — *Rue de l'Université, 36* (en face de
l'Hôtel de Saron, près la rue de Beaune). — 1775. De
Coubert.

COULANGES. — *Place Royale, 1.* — 1606. De
Coulanges. — 1626. Naissance de Mme de Sévigné. —
1640. De Villemoisson. — Boyer de Mouchy-le-Châtel.
— De Lavardin. — 1718. Marquis de Beringhen. —
1728. De Saint-Simon, marquis de Sandricourt. —
1737. Chopin d'Arnouville. — 1768. Jehannot de Ber-
tillac ou de Bartillat. — 1783. Clerambault de Ven-
deuil. — 1789. De la Croix, maître des Comptes.

LA COUR DES CHIENS. — *Rue du Mail, 27.* —
La Cour des Chiens, financier. — Hôtel garni de Mars,
tenu par la veuve du colonel Labédoyère.

CRAMAULT. — *Rues Hautefeuille, Poupée et Percée* (des Deux-Portes). — S. de Cramault, cardinal archevêque de Reims. — 1420. J. Branlart, conseiller du
Roi. — A. de Cambrai, conseiller du Roi.

CRÉQUY. — *Rue d'Anjou-Saint-Honoré, 25.* — De

Créquy. — D'Alberg. — De Talleyrand. — Détruit par le boulevard Malesherbes.

CRÉQUY. — *Rue de Grenelle, 9.* — Ancien Hôtel de Beauvais. — 1771. Marquise de Créquy. — Boyer, chirurgien. — Coupé par la rue des Saints-Pères.

CRÉQUY. — *Rue Saint-Guillaume, 16.* — Denis Talon, magistrat. — 1728. De Créquy. — 1775. De Béthune.

CRÉQUY. — *Rue des Poulies.* — Comtes d'Étampes. — 1405. Comte de Clermont. — 1622. Maréchal de Créquy, comte de Saulx. — 1710. Coupé par un passage devenu (1780), rue d'Angivilliers. — 1854. Détruit par le prolongement de la rue de Rivoli.

CRILLON. — *Place de la Concorde, 10.* — 1763. Duc d'Aumont. — 1788. Comte de Crillon. — Ambassade d'Espagne. — 1819. Marquis de Crillon.

CROY. — *Rue du Regard, 5.* — De Rothembourg. — 1789. Prince de Croy. — Mme Chevet.

CROZAT. — *Place Vendôme, 17.* — 1728. Crozat. — Béthune. — Baron de Schickler.

CRUSSOL. — *Rue de Richelieu* (à l'angle nord de la rue Villedo). — 1713. De Crussol. — 1728. De Crussol.

CRUSSOL ou PETITE-BRETAGNE. — *Rues Saint-Nicaise et des Orties* (emplacement de la place du Carrousel, à la hauteur du pavillon de Lesdiguières). — 1428. Jean VI, duc de Bretagne. — 1437. Chapitre de Saint-Thomas-du-Louvre. — 1449. Pierre Marchand, dit de Nantes. — Jean de Valenciennes. — G. de Valenciennes, seigneur d'Ormoy et de Coupeau. — 1575. J. de Matignon, comte de Thorigny. — 1611. Président Jeannin. — 1613. P. de Bérulle. — 1616. Sr de Sauveterre. — 1757. de Crussol d'Uzès. — 1770. Ecuries du Roi.

LA CURÉE. — *Rue Dauphine, 16, 18,* entre les rues de Nevers et de Nesles. — 1652. Hôtel de la Curée. — 1666. Henri de Lorraine, marquis de Mouy. — Rochebrune. — 1755. Carré, marchand horloger. — 1787. Loge maçonnique des Neuf-Sœurs.

D

DAGUESSEAU. — *Rue Pavée, 18* (Séguier). — Chancelier Poyet. — 1714. Daguesseau. — De la Houssaie. — De la Roche-Aymon. — 1869. Librairie A. Aubry.

DAGUESSEAU. — *Rue Saint-Guilaume, 30.* — 1789. Daguesseau, conseiller d'Etat.

DAGUESSEAU. — *Faubourg Saint-Honoré* (en face de la rue Daguesseau). — 1739. Daguesseau.

DAMAS-D'ANLEZY. — *Rue de Babylone et boulevard des Invalides.* — 1789. Comte de Damas d'Anlezy.

DANGEAU. — *Rue de Lille, 67.* — 1706. Bâti par Bredot pour le président Duret. — 1728. De Courcillon, marquis de Dangeau. — 1775. Comte d'Onzembray. — 1812. Général comte de Nansouty.

DANGEAU. — *Place Royale, 8.* — Marquis de Courcillon de Dangeau. — 1752. Comtesse d'Armalay. — 1782. Poitevin de Maissemi.

DERVIEUX. — *Rue de la Victoire* (entre les rues Taitbout et Saint-Georges. — Mlle Dervieux. — Empire. — Prince Louis Bonaparte. — Légation des États-Unis.

DESCHIENS. — *Rue des Jeûneurs, 19* (en face de la rue Saint-Fiacre). — 1728. Hôtel Deschiens.

DESMARETS. — *Rue Neuve-Saint-Augustin* (au coin de la rue de Choiseul). — Robert Douilly, financier. — 1728. Desmarets, grand fauconnier. — Choiseul-Gouffier. — 1776. Détruit par la rue de Choiseul.

DEVILLAS. — *Rue du Regard, 17.* — Comte de la Guiche. — 1803. Devillas. — 1835. Hospice Devillas. — Entamé par la rue de Rennes. — Mont-de-Piété.

DILLON. — *Rue Saint-Dominique, 39* (au coin de la rue de Bourgogne). — Eynard de Ravannes. — 1753. Duc d'Estouteville. — 1787. Dillon, évêque de Narbonne. — Fanny de Beauharnais. — 1812. Davoust, maréchal, prince d'Eckmühl.

DILLON. — *Rue du Bac, 86* (entre les rues de Grenelle et de Varennes). — Comte Dillon.

DRENEUC. — *Rue de Provence* (à côté de l'hôtel Thélusson). — 1789. Du Dreneuc. — Barras. — 1803. Comte de Tamncy. — Lord Bainting. — Fanny Essler. — Mlle Duverger. — Petit Théâtre. — Détruit par la rue Lepelletier-Prolongée.

DURAS. — *Faubourg Saint-Honoré* (entre les rues Daguesseau et de Duras). — Construit par G Boffrand, pour le maréchal de Duras. — Divisé depuis en plusieurs lots particuliers.

E

ECURIES DE LA COMTESSE D'ARTOIS. — *Rue de Lille, 1* (Bourbon). — 1652. M. Pidoux. — 1775. Écuries de la comtesse d'Artois. — 1812. Comte Réal. — 1850. 1re Division militaire.

ÉCURIES DE MONSIEUR. — *Rue de Monsieur, 14.* — Ecuries de Monsieur. — Marquis de Bièvre, écuyer. — 1784. De Saint-Firmin, écuyer. — 1789. De Montesquiou, premier écuyer. — Bénédictines du Saint-Sacrement.

EFFIAT. — *Rue Vieille-du-Temple, 24* (presque en face de la rue Sainte-Croix-de-la-Bretonnerie. — 1652. D'Effiat. — 1668. Le Peletier, prévôt des marchands. — 1713. Le Peletier, lieutenant civil. — Le Peletier de Saint-Fargeau. — 1789. Le Peletier de Montmelian.

EGMONT. — *Rue Louis-le-Grand* (en face de la rue d'Hanovre). — 1728. De Boufflers — 1775. D'Egmont. — Enlevé par la rue du Quatre-Septembre.

EGMONT. — *Faubourg Saint-Honoré, 33.* — 1714. Chevalier, président au Parlement. — 1742. La Trémoille. — M. Legendre. — Prince d'Egmont. — Rothschild. — Ambassade de Russie.

ELBEUF. — *Rue Saint-Nicaise.* — Ancien hôtel de la Petite-Bretagne, de Coupeau et de Matignon. — 1626. De Lanquetot. — 1656. De Brue. — 1657. Maréchal de Créqui. — 1723. Hôtel de Vieux-Pont. — 1739. De Kerhoent de Coëtanfao. — 1757. E. de Lorraine, duc d'Elbeuf. — 1838. Démoli. — Occupait l'emplacement du square du Carrousel, où est le monument de Gambetta.

ELBEUF. — *Rue de Vaugirard,* presque au coin de la rue du Pot-de-Fer (Bonaparte). — De Kerveneau. — 1713. E. M. de Lorraine, duc d'Elbeuf. — 1750. Robillard, financier. — 1752. De Villette, financier.

ELYSÉE. — *Rue du Faubourg-Saint-Honoré.* — 1718. Comte d'Evreux. — De Pompadour. — Hôtel des Ambassadeurs extraordinaires. — 1773. Beaujon. — Duchesse de Bourbon. — Hameau de Chantilly. — Prince Murat, gouverneur de Paris. — Palais de l'Elysée.

ENTRAGUES. — *Rue de Tournon, 12.* — 1728. Balzac, marquis d'Entragues. — D'Houdetot.

EPERNON. — *Rue Vieille-du-Temple* (entre les rues Neuve-Saint-François et Couture-Saint-Gervais). — Caumartin. — 1713. D'Epernon. — 1728. Du Tillet de la Bouxière. — 1812. De Montriblout. — Forme actuellement plusieurs lots.

D'ESCLIGNAC. — *Rue d'Anjou-Saint-Honoré, 11* (au coin de la rue de la Ville-l'Evêque). — 1742. Mgr de Lorraine. — D'Esclignac. — 1812. D'Espagnac.

ESPAGNAC. — *Rue Ville-l'Évêque, 5 ou 7* (contre la rue d'Anjou). — Baron d'Espagnac, officier général, gouverneur des Invalides.

D'ESTOURMELLES. — *Rue de Grenelle, 11.* — De Beauvais. — 1775. d'Estourmelles.

ESTRADES. — *Place Royale, 3.* — 1752. D'Estrades. — 1789. Durand, secrétaire du Roi.

ESTRÉES. — *Rue Barbette, 2, 4* (à l'angle de la rue

des Trois-Pavillons). — Ancien hôtel Barbette. — 1714. Maréchal d'Estrées. — De la Briffe, procureur général. — Bourée de Corberon, magistrat. — 1793. Confisqué. — 1810. Maison mère des Demoiselles de la Légion d'honneur. — 1851. Ch. Camus, négociant.

ÉTAMPES. — *Au chevet de l'Oratoire.* — 1373. D'Aumale d'Étampes. — 1575. Clermont. — 1603. D'Entragues. — 1616. De Clèves. — 1637. Lorraine-Chevreuse. — 1667. Gramont. — Vendu au Roi. — Emplacement de la rue de Rivoli.

ÉTAMPES. — *Quai des Grands-Augustins* (de la rue de l'Hirondelle à la rue Gilles Cœur). — Évêques de Chartres. — Louis de Sancerre, connétable. — Évêques de Clermont. — Dauvet, maître des requêtes. — Anne de Pisseleu, duchesse d'Étampes. — Hôtel d'O, président Séguier. — De Luynes. — 1671. Détruit.

ETIAUX. — *Place Royale, 19.* — 1752. Président d'Etiaux. — 1789. Baron de Mello.

D'ÉVREUX. — *Place Vendôme, 9.* — Maréchal d'Estrées, comte d'Évreux. — Intendance de la liste civile de Louis-Philippe. — Etat-Major de la 1re division militaire. — Gouverneur de Paris.

F

FARGEZ. — *Rue Drouot* (au coin du boulevard Montmartre). — 1728. Fargez de Poligny, munitionnaire. — Le Tellier de Rébenac, marquis de Souvré et de Louvois. — 1764. De la Borde. — 1783. Delaage, fermier général. — De Talleyrand-Périgord. — 1836. Jockey-Club.

FAUDOAS. — *Rue des Saussaies, 8, 10* (touchant la rue du Marché-d'Aguesseau). — Cheveuc de la Chapelle. — 1787. D'Esparbés-Faudoas, dont la fille devint duchesse de Rovigo.

LA FAYETTE. — *Rue d'Anjou-Saint-Honoré, 6.* — 1834. Marquis de la Fayette y meurt. — 1855. Docteur Magendie.

FÉNELON. — *Rue Saint-Louis-en-l'Ile et quai* (derrière l'hôtel Bretonvilliers en face de l'hôtel Lambert). — 1775. De Fénélon.

FERLET. — *Rue Michel-le-Comte, 23.* — 1728. Ferlet. — Rue aux Ours.

FESCAMP. — *Rue Hautefeuille,* entre les rues Serpente et Percée (2 portes). — 1330 à 1523. Abbés de Fescamp.

DES FERMES. — *Rue du Bouloi et J.-J.-Rousseau.* — 1560. Veuve du président Baillet. — 1572. Jeanne d'Albret y meurt. — 1573. Françoise d'Orléans. — 1605. Duc de Montpensier. — 1612. Duc de Bellegarde. — 1633. Chancelier Séguier. — Académie française. — Bureau des Fermiers généraux. — Cour des Fermes.

LE FÉRON. — *Rue des Lions-Saint-Paul, 11* — 1692. Bellocier d'Aubricourt. — 1692. Le Féron du Plessis. — 1751. Rouillé du Coudray, lieutenant général. — 1808. Favière, homme de loi. — 1813. Quévin. — 1833. Comte Happey.

LA FERRIÈRE. *Rue des Maçons, 5, 7.* Sorbonne, H. de Lorraine, comte d'Harcourt. — 1714. Le Maistre de la Ferrière. — Détruit par le Boulevard Saint-Michel.

FERRIOL. — *Rue Neuve-Saint-Augustin,* au coin de la rue de la Michodière. — Cotte-Blanche, financier. — Comte d'Estrées et de Cœuvres. — 1739. De Ferriol. — Renouard de la Touanne. — 1789. De Marsan.

DE FEUCHÈRES. — *Place Vendôme 18.* — Dainval. — Baronne de Feuchères. — Aguado de las Marismas.

LE FÈVRE. — *Rue Geoffroi-l'Asnier, 26, 28.* — 1608. Le Fèvre de la Boderie, conseiller d'État. — 1625. Chalons. — 1659. Montmorency-Luxembourg.

LA FEUILLADE. — *Rue du Bac, 101,* coin de la rue de Commailles. — Marquis d'Aubusson de la Feuillade. — Madame Coustou. — Baron de Boutray.

LA FEUILLADE. — *Au bout de la rue Neuve-des-Petits-Champs.* — 1652. La Ferté Senecterre. — 1684. Duc de la Feuillade. — 1685. Démoli pour construire la place des Victoires.

FEUQUIÈRES. — *Rue du Faubourg-Saint-Honoré, 27,* à côté de l'hôtel Montbazon, en face de la rue d'Anjou. — Lefort. — Marquis de Feuquières.

FEUQUIÈRES. — *Rue de Grenelle, 7.* — Ancien hôtel de Beauvais. — 1771. Marquis de Pas de Feuquières. — 1835. Mairie du Xe Arrondissement (ancien). — Prolongement de la rue des Saints-Pères.

FIEUBET. — *Quai des Célestins, 2.* — Bâti sur l'emplacement d'une partie de l'hôtel royal de Saint-Paul. — De Combourg. — 1676. G. de Fieubet. — 1752. E. de Clèves Courray. — De Gaucourt. —

1755. Roussel Dedelîy de la Garde. — 1789. Boula de Mareuil, magistrat. — De Lavalette, rédacteur de *l'Assemblée Nationale*. — 1880. École Massillon.

FLANDRE. — *Entre les rues des Vieux-Augustins, Pagevin, Plâtrière, Coquillière.* — Comtes de Flandre. — Ducs de Bourgogne. — Ducs de Brabant. — 1543. Démoli pour bâtir. — Emplacement des Hôtels d'Armenonville, Chamillart, de Bullion.

FONTAINE. — *Rue de Grenelle, 102,* à côté du couvent de Panthemont. — 1728. Comtesse de Fontaine. — Prince de Rosbeck. — De La Rochefoucauld. — 1789. Marquis de Maillebois.

FONTENAY. — *Rue Saint-Louis-en-l'Ile,* entre l'hôtel Bretonvilliers et l'église. — 1788. Marquis Devins de Fontenay, qui épousa Thérèse de Cabarrus, depuis M⁰ Tallien, puis princesse de Chimay et surnommée Notre-Dame de Thermidor.

FORCALQUIER. — *Rue de Lille, 119,* au coin de la rue de Bourgogne. — 1788. Comtesse de Forcalquier. — 1799. Marquis de la Fayette. — Détruit par le boulevard Saint-Germain et ses abords.

LA FORCE. — *Rue d'Autriche, puis du Louvre.* — Guillaume de Bavière, comte d'Ostrevant. — 1410. Duc d'Alençon. — 1577. Des Hayes de Grimonville, sieur de l'Archant. — 1652. De Caumont la Force. — 1667. Vendu pour agrandir Le Louvre. — Une partie conservée devient la capitainerie du Louvre et fut détruite pour la place de l'Oratoire et la rue de Rivoli, 1806.

LA FORCE. — *Rue Pavée et rue du Roi-de-Sicile.* — Hôtel de Sicile. — Hôtel de Tancarville. — De Roquelaure. — De Longueville, comte de Saint-Pol.

— 1652. Bouthillier, comte de Chavigni. — Beuzelin de Bosmelet. — 1713. De Caumont, duc de la Force. — Prisons de la Grande et la Petite Force. — Détruit et traversé par la rue Malher.

LA FORCE. — *Rue des Saints-Pères, 48*, en face de la rue Taranne. — 1713. Le duc de Saint-Simon. — 1714. Marquis Nompar de Caumont la Force. — — De la Rochefoucauld. — Maréchal Augereau, duc de Castiglione. — Détruit par le boulevard Saint-Germain.

FOREZ. — *Rue de la Harpe*, entre les rues Pierre-Sarrazin et Percée (des Deux-Portes). — 1303. Jean, comte de Forez. — Louis II de Bourbon. — 1384. Jean, duc de Bretagne, comte de Montfort. — 1421. J. de Malestroit, seigneur de Doudon. — Sur son emplacement et sur celui des hôtels de Longueil et de Beaulieu se trouve maintenant la librairie Hachette.

FOUGÈRES. — *Place de la Concorde, 8.* — 1772. P. Louis Moreau. — Lambert de Fougères. — 1830. Péan de Saint-Gilles.

FOULON. — *Boulevard du Temple*, au coin du faubourg. — De Chavanne. — De Rouvroy de Saint-Simon. — 1778. Foulon, comte de Morangis, conseiller d'État. — Théâtre historique d'Alexandre Dumas. — Théâtre lyrique. — Place du Château-d'Eau.

FOUQUET. — *Rue du Temple*, au coin de la rue Courteauvillain. — 1652. Fouquet, procureur général.

FOURCY. — *Rue de Jouy, 9*, à côté de l'hôtel d'Aumont. — 1684. H. de Fourcy, Prévôt des Marchands.

FRAIGNES. — *Rue des Saints-Pères, 10,* au coin de la rue de Verneuil. — 1652. Pidoux. — 1728. De Gamaches. — 1775. De Fraignes.

G

GAGNY. — *Place Royale, 10.* — 1752. De Gagny, caissier des Amortissements. — 1789. Andrieux de Chétainville, conseiller à la Monnaie.

GALLARD. — *Rue Saint-Louis-en-l'Ile,* contre le fond de l'hôtel de Tessé. — 1652. De Gallard.

GALLIFFET. — *Rue du Bac, 84,* entre les rues de Grenelle et de Varenne. — 1788. Marquis de Galliffet. — Lacroix, ministre des relations extérieures. — 1816. Duc de Richelieu.

LA GARDE. — *Rue Charlot* (Berri), entre les rues de Poitou et de Bretagne. — Robinot de Béraucourt. — 1728. Président de la Garde. — Brillon de Saint-Cyr, maître des Comptes.

DE GESVRES. — *Rue Coq-Héron,* au coin de la rue Coquillière. — 1652. Duval de Fontenay-Mareuil. — 1713. Potier, duc de Gesvres. — De Reich de Penautier, receveur général du clergé. — 1728. Chamillart. — 1759. Maréchal de Coigny. — 1786. Comte de Marcay. — 1789. Delessert, banquier. — Casimir Périer. — Paul Dupont.

GESVRES. — *Rue des Jeûneurs,* au milieu, donnant à l'hôtel d'Uzès. — 1728. De Gesvres.

2

GESVRES. — *Rue Croix-des-Petits-Champs*, presque en face de la Croix. — 1728. Duc de Gesvres. — 1789. Docteur Guillotin, inventeur de la guillotine.

GESVRES. — *Rue Neuve-Saint-Augustin*, entre les rues Sainte-Anne et Gaillon. — De Lionne. — De Boisfranc. — De Trêmes, Gouverneur de Paris. — 1713. Duc de Gesvres, Gouverneur de Paris. — Détruit par le passage Choiseul et la rue Monsigny.

GOBELINS. — *Rue Mouffetard*. — 1662-1667. Bâti pour la manufacture de meubles destinés aux maisons royales. — Les Gobelins. — Entamé par l'avenue des Gobelins.

GOUFFIER. — *Rue de Varenne, 56*. — 1775. De Gouffier, marquis de Thoix. — 1788. Chaumont de la Galaisière.

GOURGUES. — *Rue Saint-Louis*, contre la rue des Douze-Portes. — 1728. De Gourgues, président à mortier.

GOURNAY. — *Rue de Charenton*, à côté de l'Hôpital des Enfants trouvés (Trousseau). — 1728. De Gournay.

GOUY D'ARCY. — *Rue de Provence*, entre la rue de la Chaussée-d'Antin et les écuries d'Orléans. — 1789. Marquis de Gouy d'Arcy.

GRAMONT. — *Rue Neuve-Saint-Augustin*, en face de la rue Sainte-Anne. — Monerot, financier. — 1713. De Gramont. — 1767. Détruit pour le percement de la rue de Gramont, prolongement de la rue Sainte-Anne.

GRAMONT. — *Rue Saint-Thomas du Louvre*, en

face de l'hôtel de Longueville, maintenant prolongement et raccord du Louvre aux Tuileries, emplacement du Square. — Hôtel de la Roze. — De Pontchartrain de Phélippeaux. — 1707. de Gramont. — 1740. — De Lesdiguières. — 1752. Poisson de Vandières, marquis de Marigny, directeur des bâtiments du Roi.

GRAMONT. — *Rue Drouot, 1*, au coin du boulevard des Italiens. — Duchesse de Gramont. — 1819. Vicomte de Morel-Vindé. — 1821. Dépendances de l'Opéra.

GRAND-PRIEUR. — *Rue du Temple et de la Corderie.* — 1667. Construit sur l'enclos du couvent des Templiers, par Jacques de Souvré, grand prieur de Saint-Jean de Jérusalem. — 1720. Réparé par le chevalier d'Orléans. — 1776. Prince de Conti.— 1792. Louis XVI enfermé à la Tour du Temple. — Empire : magasin et caserne. — Restauration : religieuses Augustines. — État-Major de l'artillerie de la Garde nationale. — Caserne. — 1854. Achevé de détruire. — Square du Temple.

GRIGNAN. — *Rue des Vieilles-Haudriettes, 4.* — 1728. De Grignan.

GRIMOD DE LA REYNIÈRE. — *Rue Boissy-d'Anglas, 1.* — Rue des Champs-Élysées. — Grimod de la Reynière — 1828. Ambassade de Russie. — 1842. Ambassade de Turquie. — Cercle Impérial.

DU GUÉ. — *Rue du Regard, 3.* — Mlle du Gué. — 1789. De Dreux-Brézé.

GUÉBRIANT. — *Faubourg Saint-Honoré, 35*, près de l'ambassade d'Angleterre. — 1714. Madame le Vieulx. — Président Montigny. — 1739. De Guébriant. — Péreire.

GUÉMÉNÉE. — *Rue de l'Université, 7.* — 1639. Ch. de Bérulle, conseiller d'État. — 1657. D'Harville des Ursins, marquis de Paloiseau. — 1758. De Pomponne. — 1775. Rohan Guéménée. — 1789. Rohan Montbazon.

GUÉMÉNÉE. — *Place Royale, 6.* — Maréchal de Lavardin. — Marion Delorme. — 1652. Rohan Guéménée. — 1789. Comtesse de Lafayette. — Victor Hugo. — Pension Jauffret. — École municipale de filles.

GUERCHY. — *Rue Saint-Dominique, 69,* maintenant 1, au coin du boulevard Saint-Germain. — Bâti par G. Boffrand. — Amelot de Gournay. — 1725. Maréchal de Montmorency Luxembourg, prince de Tingry. — 1775. Comte de Guerchy. — 1804. Daguesseau. — 1812. D'Haussonville.

LA GUICHE. *Rue du Regard, 15.* — 1711. Madaillon de Lesparre, Comte de Lassay. — 1728. De Vieuxbourg. — 1754. — De la Guiche. — Chastenay de Lanty. — Dames de la Retraite. — Entamé par le boulevard d'Enfer.

GUISE. — *Rue de l'Université, 72,* en face des hôtels de Mailly et de Soyecourt. — 1728. Guise. — 1753. Président Chauvelin.

LA GUISTADE. — *Rue de Verneuil, 30.* — 1750. De La Guistade, magistrat.

GUYET. — *Rue de Richelieu,* entre les rues des Filles-Saint-Thomas et Colbert. — 1728. M.ʳ Guyet.

H

HARCOURT. — *Rue de Grenelle, 79.* — 1728. D'Estrées. — 1754. De Biron. — 1758. D'Est Modène. — 1775. De Beuvron-Harcourt, — 1812. Duc de Feltre. — Marquise de Tourzel. — Duchesse d'Escars.

HARCOURT (Petit Hôtel d'). — *Rue de Grenelle, 81.* — De Montmorency-Luxembourg. — 1771. Marquis de Beuvron-Harcourt. 1789. Marquis de Spinola.

HOTEL DES HARICOTS. — Nom satirique donné par la Garde nationale à la maison d'arrêt qui a été successivement aux emplacements suivants : 1° Ancien collège Montaigu, où est maintenant la Bibliothèque Sainte-Geneviève. — 2° Hôtel de Bazancourt, rue des Fossés-Saint-Bernard, en face le n° 30, démoli en 1837 pour la halle aux vins. — 3° Entre la gare d'Orléans et la Seine. — 4° A Passy, 5, rue de Boulainvilliers, en face du pont de Grenelle.

HARLAY. — *Rue Saint-Claude,* au coin du Boulevard. — 1728. Président de Harlay. — La rue de Harlay en a enlevé une partie des jardins.

HARVELAY. — *Rue Laffitte,* en face de la rue Rossini. — Micault d'Harvelay, financier.

HAVRINCOURT. — *Rue Saint-Dominique, 23.* — 1787. Comte d'Havrincourt.

HÉMERY (d'). — *Rue Neuve-des-Petits-Champs,* en face de l'Hôtel de la Vrillière. — 1652. D'Hémery. — 1685. Acheté par la Ville lors de la construction de la place des Victoires.

HERVALT. — *Rue des Vieux-Augustins.* — 1652. D'Hervalt. — Bellanger, Lieutenant particulier au Châtelet. — 1793. Hôtel garni où descendit Charlotte Corday. — Caisse d'épargne.

HERCULE. — *Quai et Rue des Grands-Augustins.* — 1355. Comtes de Sancerre. — 1416. Comte d'Auvergne. — 1460. La Viste. — 1484. J. de la Driesche. — Maison d'Hercule. — 1493. Hallevin de Piennes. — Charles VIII. — 1499. G. de Poitiers de Clérieux. — 1514. Chancelier Du Prat. — Du Prat de Nantouillet. — 1672. Démoli et divisé.

HINNISDAL. — *Rue de Vaugirard,* au coin de la rue Cassette, contre les Carmes. — 1740. Marquis de Sachet. — Maréchal de Brissac. — 1808. D'Hinnisdal.

HOLLANDE. — *Rue Vieille-du-Temple, 47,* entre la rue des Blancs-Manteaux et le passage des Singes. — 1407. Maréchal de Rieux de Rochefort. — 1713. De la Lande. — 1728. Coly. — 1738. Amelot de Biseuil. — 1758. Ambassadeurs de Hollande.

HOPITAL. — *Rue et Boulevard du Temple,* au coin de la rue de Vendôme. — 1714. De l'Hôpital. — 1728. De Villegenoux. — 1795. Jardins de Paphos. — 1842. Magasin de Nouveautés « Au Pauvre Jacques ». — Détruit par la place de la République.

HOPITAL (l'). — *Rue N.-D.-des-Victoires,* en face de l'extrémité des P. Pères. — 1713. Marquis de l'Hôpital. — 1728. Président Séguin.

HUMIÈRES. — *Rue de Lille, 82.* — 1728. D'Humières. — 1788. De Montmorency. — Germain, Conventionnel. — 1812. Maréchal Mortier, duc de Trévise. — Détruit par le boulevard Saint-Germain.

I

IMÉCOURT. — *Rue Boudreau*, à l'angle de la rue Trudon. — 1789. Comte d'Imécourt. — Schneider (Forges du Creuzot). — Détruit par la rue Auber.

INTENDANT DE PARIS. — *Rue de Vendôme, 11,* adossé à l'enclos du Temple. — 1728. De la Marck. — 1752. Durey d'Arnoncourt, fermier général. — 1789. Berthier de Sauvigny, intendant de la Généralité de Paris. — 1819. Général comte Friant. — 1860. Mairie du IIIᵉ Arrondissement (nouveau).

J

JABACH. — *Rue Saint-Merri, 46,* au coin de la rue Saint-Martin. — 1722. Président Remigeau Montoire. — 1728. Jabach, banquier. — 1789. Dépôt de porcelaines de Sèvres et de toiles de Jouy. — Passage Jabach.

JARNAC. — *Rue de Monsieur, 8.* — 1789. Comte de Jarnac. — 1829. Comte de Villèle. — Pères Barnabites.

JASSAUD. — *Ile Saint-Louis, quai Bourbon, 19,* près de la rue de la Femme-sans-Tête ou Le Regratier. — Façade à 3 frontons. — De Jassaud, maître des Requêtes. — De Maupas, conseiller au Parlement de Rouen.

JAUCOURT. — *Rue de Varenne, 47.* — 1788. Comte de Jaucourt.

JOLY DE FLEURY. — *Rue Hautefeuille, 13,* au coin de la rue des Deux-Portes. — Hôtel d'Alègre. — Joly de Fleury. — Almanach Royal. — Détruit par le Boulevard Saint-Germain.

JOUY. — *Rue de Jouy.* — Les Abbés de Jouy, XIIIe siècle. — 1658. Aliéné par l'Abbé P. de Bellièvre.

JUIFS (des). — *Rue des Juifs, 20.* — 1728. Hôtel des Juifs. — Le Fèvre de Leseau. — De Géminy.

JUIGNÉ. — *Rue de Thorigny,* au coin de la rue Culture-Saint-Gervais. — 1656. Aubert de Fontenay, financier. — 1739. Le Camus, secrétaire du Roi. — Maréchal de Villeroy. — 1766. De Chameville. — 1768. De Juigné. — École Centrale des Arts et Manufactures. — Vulgairement appelé Hôtel Salé.

K

KUNSKY. — *Rue Saint-Dominique, 117.* — 1789. Princesse de Kunsky.

L

LAFFITTE. — *Rue Laffitte 21.* — 1788. Comte de Laborde, banquier. — Duchesse de Mouchy. — Rougevin, architecte. — 1822. J. Laffitte. — 1848. Prin-

cesse de la Moskowa. — Ecorné par derrière par la
rue La Fayette.

LAMBERT. — *Rue Saint-Louis-en-l'Ile et quai
d'Anjou.* — Bâti par Leveau pour le président Lambert
de Thorigny. — Dupin, fermier général. — Marquis
du Chatelet Laumont. — De la Haye, fermier général. — M. de Montalivet. — Dépôt des Lits militaires.
— 1842. Princesse Czartoriska.

LAMBESC. — *Place Vendôme, 15.* — 1728. Lambesc. — 1802. Préfecture de Paris. — Crédit Mobilier.

LAMOIGNON. — *Rue Pavée,* au coin de la rue
des Francs-Bourgeois. — Porcherie Saint-Antoine. —
Robert de Beauvais. — 1581. Duc d'Angoulême. —
Charles de Valois, Comte d'Alais. — 1652. Hôtel
d'Angoulême. — 1684. Lamoignon. — 1791. M. Bour-
sier.

LAMOIGNON. — *Rue de Grenelle, 105,* en face des
Carmélites. — 1766. De Berryer. — 1789. Lamoignon
de Basville.

LANGLOIS. — *Rue des Francs-Bourgeois, 16.* —
1728. Langlois de la Fortelle, président à la Cour des
comptes. — Mascarany de Lavalette.

LANNION. — *Rue de Lille, 75.* — 1758. De Lannion. — 1788. Marquis de Bissy.

LASSAI. — *Rue de l'Université.* — 1722. De Lesparre, marquis de Lassai. — 1770. De Lauraguais. —
1770. Prince de Condé. — Directoire : Corps Législatif.
— Hôtel du président de la Chambre des Députés. —
Dit aussi du Petit-Bourbon.

LAURAGUAIS. — *Rue de Lille, 17* (Bourbon), au

coin de la Rue Allent (Sainte-Marie). — 1804. Duc de Brancas Lauraguais. — 1812. Librairie Treuttel et Wurtz.

LAUTREC. — *Quai Malaquais*, au coin de la rue des Petits-Augustins (Bonaparte). — Hôtel de la Reine Marguerite. — 1713. De Lauzun. — 1775. De Lautrec. — 1690. De Guénégaud.

LAVAL. — *Rue Coquillière*, entre les rues du Jour et J.-J.-Rousseau. — 1652. De l'Aubespin, marquis de Châteauneuf. — 1765. De Laval. — De la Granville. — Aguado.

LAVAL. — *Rue de Vaugirard*, donnant sur le boulevard Montparnasse. — 1803. Montmorency-Laval. — Entamé par la rue de Rennes et la rue Littré.

LEBLANC. — *Rue de Cléry*, 25, contre la rue Poissonnière. — xviiie siècle. Picard, financier. — De Cuisy. — 1728. Leblanc. — 1843. Rue de Mulhouse.

LECOUTEULX. — *Rue Richelieu*, au coin du boulevard Montmartre. — 1787. Taillepied de Bondi, financier. — Lecouteulx. — Directoire. Jardins Frascati. — Destillières.

LEMAITRE. — *Rue Michel-Lecomte*, 25. — 1728. Lemaître. — Rue aux Ours.

LENCLOS. — *Rue des Tournelles, 28, et boulevard Beaumarchais, 23*, à côté du Théâtre. — Mansard J. Hardouin. — 1706. Ninon de Lenclos. — 1708. Mansard.

LÉPINOIS. — *Place Royale, 28, et Pavillon de la Reine*. — 1728. Lépinois. — 1752. Moreau, Procureur du Roi. — 1789. Marquis du Coudrai, Lieutenant général.

LESCALOPIER. — *Place Royale, 25.* — 1612. De Lescalopier, de père en fils jusqu'à nos jours.

LESDIGUIÈRES. — *Rue de la Cerisaie.* — Sébastien Zamet, financier (Seigneur de 1,800 mille écus) — François de Bonne, duc de Lesdiguières. — Françoise de Gondi de Retz, veuve de Bonne de Créquy de Lesdiguières. — 1716. De Neuville, duc de Villeroy. — 1717. Pierre le Grand y habite. — Détruit par la rue Lesdiguières et le boulevard Henri IV.

LIEUTENANT GÉNÉRAL DE POLICE. — *Rue Neuve-des-Capucines,* contre le couvent des Capucines. — Lenoir, Lieutenant général de Police. — 1787. Thiroux de Crosme, Lieutenant général de Police. — Hôtel de la Police. — 1789. Mairie de Paris. — Archives des Affaires étrangères. — 1854. Démoli.

LIGNERAC. — *Rue Saint-Dominique, 109,* au coin de la rue de Bourgogne, 21. — 1739. De Broglie. — 1775. Comte de Lignerac. — 1812. Docteur Corvisart. — D'Haussonville. — 1880. De Nicolaï.

LIGNERAC. — *Rue Saint-Paul,* en face de la rue des Lions. — De Lignerac. — 1728. Bazin.

LIVRY. — *Rue de l'Université, 23.* — 1639. Levasseur, financier. — 1728. De Livry. — 1753. Président Menou. — 1789. Président de Farcheville.

LOCMARIA. — *Rue de l'Université, 106.* — 1728. Marquis de Locmaria. — 1753. Marquis de Lambert. — 1789. Duc d'Harcourt. — 1812. Dépôt de la Guerre.

LONGUEVILLE (de). — *Rues Saint-Thomas du Louvre et Saint-Nicaise.* — 1530. Hôtel d'O. — 1607. De la Vieuville. — 1620. De Luynes. — 1622. De Chevreuse. — 1657. D'Épernon. — 1662. De Longueville. — 1710 De Luynes. — 1749. Ferme du Tabac. — 1802. Écuries du Premier Consul. — 1806. Démoli pour la place du Carrousel.

LONGUEVILLE. — *Rue des Poulies et du Pont-Bourbon, R. d'Autriche.* — Emplacement du jardin du Louvre, de la place Saint-Germain-l'Auxerrois et angle nord-est du Louvre — Hôtel d'Hostriche. — 1306. Enguerrand de Marigny. — 1421. Comte d'Alençon. — 1470. De Neufville de Villeroi. — 1573. Duc d'Anjou, depuis Henri III. — 1581. Duchesse de Longueville, Marie de Bourbon. — 1709. Marquis d'Antin, Surintendant des Bâtiments. — 1738. Administration des Postes. — 1758. Démoli pour dégager le Louvre.

LORGES. — *Rue de Sèvres, 95*, en face de la rue Vanneau. — 1788. Duc de Lorges. — 1816. Les Lazaristes.

LORRAINE. — *Rue Pavée, 1, 3, 5,* en face de l'hôtel de la Force. — 1404. Savoisi, — Morlet de Muzeau. — Savari. — 1543. Amiral Chabot. — 1652. Duc de Lorraine. — 1713. Des Marets, grand fauconnier. — 1728. Marquis d'Herbouville.

LOUVOIS. — *Rue de Richelieu*, en face de la rue Colbert. — Bâti par Chamois pour Louvois. — 1787. D'Espagnac. — 1808. Salle de l'Opéra. — 1820. Le duc de Berri y est assassiné. — Place Louvois.

LOUVOIS DE LASSALLE. — *Rue d'Anjou-Saint-Honoré 12.* — Comte de Lassalle, marquis de Louvois.

LE LOUVRE. — 1204. La Tour du Louvre est le

centre de l'autorité royale. — Habitation des Rois.
— 1541. Démolition de l'ancien château du Louvre et
construction du Louvre actuel qui ne fut terminé et
raccordé aux Tuileries que sous le règne de
Napoléon III.

LUBERT. — *Rue de Cléry, 21.* — 1700. Robert
Poquelin, prêtre. — L. de Lubert. — 1778. Lebrun,
mari de Mme Vigée Lebrun.

DU LUDE. — *Rue du Bouloi, 10.* — 1652. De Daillon, comte du Lude, lieutenant général.

DU LUDE. — *Rue Saint-Dominique, 62.* — Bâti
par de Cotte pour le président Duret. — 1728. De
Roquelaure de Lude. — De Montmort et de Cosnac.
— Bosnier de la Moisson. — 1758. De Grimberghen.
— 1804. De Conti. — 1812. Kellermann, duc de Valmy. — Ministère de l'Agriculture et du Commerce.

LUSSAN. — *Rue Croix-des-Petits-Champs, 42.* —
1789. De Lussan. — Mont-de-Piété. — 1819. Tripier,
avocat.

LUXEMBOURG. — *Rue Saint-Honoré,* contigu aux
Filles de la Conception en face de l'Assomption. —
1652. Monsieur de Mauroy. — Maréchal de Piney-Luxembourg. — 1725. Démoli pour percer la rue de
Luxembourg, aujourd'hui Cambon.

LUXEMBOURG. — *Rue Saint-Marc et Boulevard.*
— 1704. Bâti par Lassurance pour Thomas de Rivié,
secrétaire du Roi. — 1714. Desmarets, contrôleur des
Finances. — 1728. Duc de Montmorency Luxembourg
— 1800. Détruit en partie par le passage des Panoramas. — 1808. Théâtre des Variétés.

LUXEMBOURG. — *Rue de Vaugirard,* en face de

la rue de Tournon. — De Harlai de Sancy. — 1583. Duc de Piney-Luxembourg. — 1612. Marie de Médicis. — Palais d'Orléans. — Duchesse de Montpensier. — 1672. E. d'Orléans duchesse de Guise et d'Alençon. — Duchesse de Brunswick. — Mademoiselle d'Orléans, Reine douairière d'Espagne. — 1779. Monsieur, Frère de Louis XVI. — Palais du Directoire, du Sénat, Chambre des Pairs, du Sénat. Musée.

LUYNES. — *Rue Saint-Dominique, 25,* en face de Saint-Thomas d'Aquin. — 1650. Construit par le Muet. — Famille de Chevreuse et de Luynes. — Crèche du nommé Baudin sous la Révolution. — Entamé par le boulevard Saint-Germain.

LYON. — *Rues Saint-André-des-Arts et Contrescarpe.* — 1304. Rois de Navarre. — 1350. De Buci ou Bussy. — 1523. Archevêques de Lyon.

LYONNE. — *Rue Beautreillis, 14.* — Partie de l'hôtel de Charny. — De Lyonne. — 1870. Institution Ménorval.

M

MACHAULT. — *Rue du Grand-Chantier, 7.* — (Archives.) — Lefebvre de Mormant. — 1642. De Machault d'Arnouville.

MAILLÉ. — *Rue Neuve-Saint-Paul* (Charles V), *10.* — De Maillé. — De Beaufort-Canillac.

MAILLY. — *Rue de Beaune, 2.* — De Mailly d'Aumont. — Duc de Mazarin. — 1803. Amiral de la

Crosse. — 1809. Guénoux, notaire. — 1830. Comte de Flavigny. — 1835. Cercle Agricole. — 1848. Considérant, libraire et fouriériste; Journal *la Démocratie pacifique.*

MAILLY. — *Rue N.-D. des Champs*, entre les rues de Rennes et Montparnasse. — Chenard d'Honcourt. — Chenard de Bugny. — De Villers. — 1753. De Mailly de Rubempré. — De Pons. — Collège Stanislas.

MAILLY. — *Rue de l'Université, 45.* — 1728. Comte d'Auvergne. — Duc de Bouillon. — 1775. Comte de Mailly, marquis d'Haucourt. — 1789. Maréchal duc de Mailly.

MAINE. — *Rue de Lille, 78.* — 1728. Duc du Maine. — Prince de Dombes. — 1788. De Croy d'Havré. — Empire : Ministre de la Guerre. — Ambassade de Prusse. — Atteint par le boulevard Saint-Germain.

MALLET. — *Rue de la Chaussée-d'Antin, 13.* — 1819. Mallet, banquier. — État-major de la Garde nationale. — 1860. Bureaux du chemin de fer d'Orléans. — Détruit par la rue Meyerbeer.

MANUFACTURE DE GLACES. — *Rue de Reuilly.* — 1634. Fondé par Colbert pour la manufacture de glaces. — Caserne de Reuilly.

LA MARCHE. — *Rue de Grenelle, 101.* — Le Voyer de Paulmy d'Argenson. — 1713. Marquis de Rothelin. — 1716. Comte de Sparre. — 1728. Legendre de Colande. — De Bourbon-Condé de Charolais. — 1735. De Conti de la Marche. — Ier Empire : Ministère de l'Intérieur.

LA MARCK. — *Rue Daguesseau,* au coin de la rue de Suresnes. — 1775. La Marck-Aremberg.

MARIGNY. — *Quai d'Anjou, 5, Ile Saint-Louis,* contre l'hôtel Lambert. — 1760. Marquis Poisson de Marigny, Surintendant des bâtiments du Roi. — Ch. Lepeultre, comte de Chemillé. — 1779. L. Pincot, officier de la chambre du Roi.

MARLE. — *Rue du Foin,* au coin de la rue Boutebrie. Square Cluny. — 1541. Martin Fumée. — 1550. Henri de Marle, maître des requêtes. — 1650. De Bourbon. — 1772. Rousseau. — Boulevard Saint-Germain. — Dit aussi de la Reine-Blanche.

MASCARANI. — *Rue Charlot,* au coin de la rue de Vendôme. — Béausire. — Desègre. — 1728. Farges. — 1750. Marquis de Mascarani.

MASSÉRANO. — *Rue Massérano, 11, Boulevard des Invalides,* 52, au coin de la rue Duroc. — 1788. D'Entragues. — 1804. Massérano (prince de).

MASSIAC. *Place des Victoires,* coin des rues Fossés-Montmartre et du Pt Reposoir. — 1652. Du Hallier de l'Hospital. — d'Aubusson de la Feuillade. — De Villemaloux. — 1672. De Pomponne. — 1775. Marquis de Massiac. — 1806. Banque de France. — Ternaux, fabricant de châles.

MATHAN. — *Rue Neuve-des-Capucines,* en face de la rue Saint-Arnaud. — 1726. Desvieux, financier. — 1787. Comte de Mathan. — 1848. Général Baron de Septeuil. — Crédit Foncier.

MATIGNON. — *Rue Saint-Dominique, 11,* au coin de la rue Saint-Guillaume. — De Cavoie. — 1775. De Matignon. — 1812. D'Onsembray.

MATIGNON. — *Rue de Varenne, 53.* — De Mont-morency-Tingry. — 1723. De Matignon de Thorigny. — 1775. De Grimaldi, prince de Monaco, duc de Valentinois. — 1812. Talleyrand, prince de Bénévent. — 1848. Cavaignac, chef du pouvoir exécutif. — Baroche, président du Conseil d'État. — 1879. Duc de Galiera. — 1886. Comte de Paris.

MAULEVRIER. — *Rue Croix-des-Petits-Champs.* en face de la Croix. — 1728. De Maulevrier.

MAUPEOU. — *Rue Payenne, 11.* — 1713. De Daillon du Lude. — 1728. De Maupeou. — Duchesse de Chatillon. — 1783. Hocquart.

MAUREPAS. — *Rue de Grenelle, 75,* près de la rue du Bac. — Cardinal d'Estrées. — Égon, comte de Furstemberg. — De Tessé. — Phélippeaux de la Vrillière. — 1728. Phélippeaux de Maurepas. — Du Plessis Richelieu d'Aiguillon. — Moreton de Chabrillant. — Princesse de Talmond. — Comtesse de la Rochejacquelin. — De Galliffet, prince de Martigues. — Lafon.

MAYENNE. — *Rue Saint-Antoine, 212,* au coin de la rue du Petit-Musc. — Anciennement hôtel du Petit-Musc, du Pont-Perrin, de Saint-Paul. — Séjour d'Étampes. — Duc de Mayenne. — De Vaudémont. — 1652. Du Maine. — 1775. Le Fèvre d'Ormesson, intendant des finances. — Institution Favart.

MAZARIN. — *Quai Malaquais, 13.* — Hôtel de la reine Marguerite. — 1652. Loménie de Brienne. — 1670. Princesse de Conti. — 1687. Duc de Créquy. — 1712. Duc de Lauzun. — 1733. Mademoiselle de la Roche-sur-Yon. — 1775. Mazarin. — Écuries de la Dauphine. — 1804. Direction générale de la Police. — Beaux-Arts.

MAZARIN. — *Rue Neuve-des-Petits-Champs,* en face de la rue Ventadour. — De Langlée. — 1713. Le Bas de Montargis. — 1728. Mazarin. — 1758. Montmartel. — 1804. Administration des Loteries. — 1826. Détruit pour le percement de la rue Méhul.

MAZARIN. — *Rue Neuve-des-Petits-Champs, de Richelieu et Vivienne.* — Duret de Chevri. — Jacques Tubeuf. — Cardinal Mazarin. — Bureau de la Compagnie des Indes et hôtel de Nevers. — Ministère du Trésor. — Bibliothèque Royale.

MÉNARS. *Rue Richelieu* à la porte Richelieu, Impasse Ménars. — De Grancey. — 1652. M. Thouvenin. — 1728. Président de Ménars. — 1787. Boutin, trésorier de la marine. — 1807. Bureau des *Petites Affiches.* — En partie détruit par la rue Ménars, puis par la rue du Quatre-Septembre.

MENOU. — *Place Royale, 20.* — 1752. Marquise de Menou. — 1788. Hémet de Courbois. — 1789. Comte de la Ferté-Mun.

MENUS-PLAISIRS.— *Rues Bergère* (Conservatoire) *et du faubourg Poissonnière.* — Comte de Charolais. — 1775. Hôtel des Menus-Plaisirs du Roi. — Conservatoire de musique. — Rue Sainte-Cécile et église Saint-Eugène.

MÉRAT. — *Rue Michel-le-Comte, 27.* — Crillon. — 1728. Mérat. — Rue aux Ours.

MESLAY. — *Rue Meslay, rue du Temple et boulevard Saint-Martin.* — 1688. Rouillé de Meslay, magistrat. — 1728. La Ferrière. — 1789. Bergeret. — Détruit par la place de la République.

MESMES. — *Rue du Temple,* entre les rues de

Braque et des Blancs-Manteaux. — Séjour d'Orléans.
— 1652. De Montmorency. — 1713. De Mesmes,
comte d'Avaux. — Banque générale de Law. —
1787. Recette générale des finances. — Empire : Droits
réunis. — Détruit par la rue Rambuteau.

MÉZIÈRES. — *Rue de Mézières et du Pot-de-Fer.*
— Hôtel de Mézières. — 1610. Noviciat des Jésuites.

MICHODIÈRE. — *Rue du Grand-Chantier, 6*
(Archives). — 1728. De la Michodière, comte d'Haute-
ville. — Guy Sallier, président à la Cour des Aides.
— Comtesse de Bullion.

MINISTÈRE DE LA MARINE. — *Place de la
Concorde, 2.* — Bâti sur les dessins de Gabriel. —
1788. Garde-meuble de la Couronne. — Ministère de
la Marine.

MIRABEAU. — *Rue de Seine, 6.* — Hôtel de la
reine Marguerite. — 1640. Président Séguier. —
1718. Gilbert des Voisins. — 1789. Marquis de Mirabeau.

MIRAULMONT. — *Rues Hautefeuille et Serpente.*
— 1523. J. de Miraulmont, écuyer de la Reine. —
1605. Le Voys. — 1612. Les Chartreux qui le divi-
sent.

MIREPOIX. — *Rue Saint-Dominique, 104.* —
1775. Maréchal de Mirepoix. — 1812. Andrianne. —
1838. Merlin de Douai, conventionnel.

MONACO. — *Rue Saint-Dominique, 129, 131, 133,*
presque au coin de l'Esplanade des Invalides. —
Arnaud de Pomponne. — 1783. Monaco. — Berthier,
prince de Wagram. — 1838. Baron Hope. — Baron
Seillière

MONACO. — *Rue Beautreillis, 10.* — De Monaco, duc de Valentinois. — Valton, officier du roi Louis XVI.

LA MONNAIE. — *Rue de la Monnaie.* — 1652. La Monnaie du Roi. — 1778. Démoli par la rue Boucher et Étienne. — Magasins du Pont-Neuf.

MONTALEMBERT. — *Rue de la Roquette,* entre la rue de la Roquette et celle de Basfroi. — Comte de Clermont. — 1713. Desnoyers, financier. — 1720. Duc de Biron. — 1775. Général, marquis de Montalembert, membre de l'Institut. — Détruit par le boulevard et la place Voltaire.

MONTARGIS. — *Place Vendôme,* 7, pan coupé Ouest. — Mansard. — 1703. Créqui. — 1728. Le Bas de Montargis. — De la Grange. — État-major de la Place.

MONTBAZON. — *Rue de Béthisy, 20,* en face de la rue de la Monnaie. — 1572. Coligny y est tué le 24 août. — 1652. De Longueville. — 1654. De Montbazon. — Actuellement, rue de Rivoli.

MONTBAZON. — *Faubourg-Saint-Honoré,* 29. — 1719. Bâti par Lassurance. — Duchesse de Montbazon. — 1751. Richard, fermier général. — Richard de la Bretèche. — 1792. De Saint-Sauveur. — De Belletrux. — Desèze. — 1819. De Lapeyrière, Receveur général. — 1823. De la Panouze.

MONTCHEVREUIL. — *Rue de Verneuil 17.* — 1785. De Montchevreuil.

MONTECLÈRE. — *Rue du Cherche-Midi, 9.* — Écuries de Montmorency. — Monteclère. — Maillé de Saint-Priest.

MONTESQUIOU. — *Rue de Verneuil, 43.* — 1713. Hôtel de Saint-Diffry. — 1715. De Montgeron, — Le Camus. — 1736. Comte de Ferrières. — 1789. De Montesquiou.

MONTESQUIOU. — *Rue de l'Université, 29, 31, 33.* — De Cosnac. — 1753. De Neshé. — 1775. De Montesquiou.

MONTESSON. — *Rue de Provence,* entre les rues de la Chaussée-d'Antin et Taitbout. — Pavillon d'Orléans. — Madame de Montesson. — 1806. Ouvrard, munitionnaire. — 1810. Prince de Schwartzemberg, ambassadeur d'Autriche. — 1829. Cité d'Antin. — Rue La Fayette en partie.

MONTFERMEIL. — *Rue de la Chaussée-d'Antin,* au coin de la rue Saint-Lazare. — Président Hocquart. — 1789. Hacquart de Montfermeil. — 1812. Cardinal Fesch. — Démoli par la rue de Châteaudun.

MONTGELAS. — *Rue du Grand-Chantier, 4* (Archives). — 1709. De Montgelas. — Florent de Vallière, lieutenant général d'artillerie.

MONTGELAS. — *Rue d'Anjou* (au Marais), 8. — 1643. De Beautru. — 1693. De Montgelas, secrétaire du Roi. — Hardy du Plessis.

MONTHOLON. — *Boulevard Poissonnière,* entre les rues Saint-Fiacre et Montmartre. — 1803. Montholon, magistrat. — Empire : marquis Lelièvre de Lagrange. — Tapis d'Aubusson. — Chaix-d'Est-Ange.

MONTMORENCY. — *Rue du Cherche-Midi, 15,* en face des Prémontrés. — Évêque de Viviers. — Comte de Châtillon. — 1713. S. de Montmorency.

MONTMORENCY. — *Rue Basse-du-Rempart et de la Chaussée-d'Antin.* — 1775. De Montmorency. — Maintenant Théâtre du Vaudeville.

MONTMORENCY.— *Rue de Lille, 3* (Bourbon). — De Créqui.— 1775. De Montmorency.— 1812. Général de Muy.

MONTMORIN. — *Rue Plumet, 27* (Oudinot), au coin du boulevard des Invalides. — 1789. Comte de Montmorin. — Général comte Rapp. — FF. de la Doctrine chrétienne.

MONTMORT. — *Rue du Temple,* vis-à-vis de la rue de Braque. — 1652. De Montmort. — De Rochechouart. — 1789. De Montholon.

MONTRÉAL. — *Rue du Regard, 24.* — 1789. Comte de Montréal.

MORON. — *Rue de l'Université, 44,* entre les rues du Bac et de Beaune. — 1728. De Moron.

MORSTIN. — *Quai Malaquais,* au coin est de la rue des Saints-Pères. — 1632. Falcony. — 1680. De Montbriseuil. — 1687. Comte de Morstin. — 1710. Marquis de Sassenage. — 1724. Descazeaux du Hallay.

MORTAGNE. — *Rue de Charonne, 51,* en face de la rue Sainte-Marguerite. — Folie Nourry. — 1728. De Mortagne. — 1782. Vaucanson, mécanicien.

MORTEMART. — *Rue Saint-Dominique, 21.* — 1787. De Mortemart.

MORTEMART. — *Rue Saint-Guillaume, 14,* au coude. — 1705. De Montataire.— 1713. De Mortemart. — Comte de Guébriant.— 1812. De Montmorency.

MORTEMART. — *Rue de l'Université, 19,* en face de la rue de Beaune. — 1639. Leschassier, maître des comptes. — 1775. Mortemart. — 1789. Marquis de Mesgrigny. — 1830. Maréchal de Bourmont.

MORVEAU. — *Rue de Verneuil, 1, 3, 5.* — 1750. Président de Morveau.

LA MOTTE-HOUDANCOURT. — *Rue de Grenelle, 77,* en face du passage des Dames de la Visitation de Sainte-Marie. — 1713. Comtesse de La Motte-Houdancourt. — Marquise de Caumont.

MOUSQUETAIRES GRIS. — *Rues du Bac, de Verneuil, de Beaune et de Lille* (Bourbon). — Halle Barbier. — 1671. Mousquetaires gris. — 1780. Marché de Boulainvilliers. — Maisons de rapport.

MOUSQUETAIRES NOIRS. — *Rue de Charenton.* — 1701. Bâti aux frais de la ville, pour loger les mousquetaires noirs. — 1780. Hôpital des Quinze-Vingts.

N

NARBONNE-PELET. — *Rue de Varenne* (de la Planche) contre l'hôtel Saint-Gelais. — 1775. De Narbonne-Pelet.

NESLES. — *Quai Conti, le long de la Seine et rue de Seine.* — 1308. Amaury de Nesles. — Philippe le Bel. — 1380. Duc de Berri. — 1446. François duc de Bretagne. — 1461. Comte de Charolais. — 1580. Hôtel de Nevers. — 1663. La Tour de Nesles est démolie. —

Rues de Nevers, d'Anjou et de Guénégaud, la Monnaie et l'Institut.

NESMOND. — *Quai de la Tournelle,* au coin de la rue des Bernardins. — Hotel du Pain. — Abbaye de Tyron. — 1603. Ducs de Bar et de Lorraine. — De Montpensier. — Blondi, danseur à l'Opéra. — 1683. De Selves. — 1713. Président de Nesmond.

NEVERS. — *Rue Saint-André-des-Arts et rue Pavée.* — 1350. Comtes d'Eu. — 1423. Comtes d'Artois. — Ph. de Bourgogne, comte de Nevers. — 1481. Duc de Clèves.

NICOLAI. — *Rue de Paradis,* au Marais, contre l'hôtel Soubise, au milieu. — 1713. Le Camus. — 1728. Beaudri. — Nicolaï. — De Jaucourt.

NICOLAI. — *Rue d'Anjou-Saint-Honoré, 36.* — De Nicolaï. — Ambassade de Hollande. — Général Moreau — Général Bernadotte, prince de Ponte-Corvo. — Comte Clary. — 1861. Détruit par le boulevard Malesherbes.

NICOLAI. — *Quai des Célestins, 4.* — Portion de l'hôtel Fieubet. — De Nicolaï. — 1656. De Rochechouart-Mortemart. — 1750. De Nicolaï de Goussainville.

NIVERNAIS. — *Rue de Tournon, 10.* — 1617. Concini Maréchal d'Ancre. — D'Albért de Luynes. — 1713. Ambassadeurs extraordinaires. — 1789. Duc de Nivernais. — Contentieux des domaines. — 1814. Duchesse douairière d'Orléans. — 1830. Caserne de la Garde municipale.

NOAILLES. — *Rue de l'Université, 61.* — 1700. Marquise de Noailles, duchesse de Richelieu. —

1760. D'Estrées. — 1775. De Noailles: — 1812, Comte de Laumont, directeur des mines. — Archives du dépôt de la Guerre. — Détruit par le boulevard Saint-Germain. — Ministère de la Guerre.

NOAILLES. — *Rue Saint-Honoré, 221.* — 1672. Comtesse de Foix. — 1687. H. Pussort, conseiller d'État, oncle de Colbert. — 1691. V. Bertin d'Armenonville, directeur général des Finances. — 1711. Duc de Noailles. — 1715. Il fait mettre une barrière devant la porte, privilège très restreint. — Empire : Le Brun, duc de Plaisance, archi-trésorier. — 1814. Lord Egerton. — 1830. Détruit pour le percement de la rue d'Alger. — Fragment à l'hôtel meublé Saint-James.

NOVION. — *Rue des Blancs-Manteaux,* cul-de-sac, Pecquai. — Jean de le Haie dit Piquet. — 1652. De Novion, magistrat. — 1713. De Ribère. — Maintenant passage Pecquai.

NOVION. — *Rue de Varenne, 11* (de la Planche). — Président Novion. — 1713. Saint-Aignant. — Duban de la Feuillée. — 1750. Président Portail. — Comte de Montrevel. — Amelot. — 1789. Joly de Fleury.

O

D'O. — *Rue Vieille-du-Temple,* en face de la rue des Blancs-Manteaux. — Comte de Châteauvillain. — 1652. Marquis d'O. — 1655. Filles de Saint-Gervais, dites Hospitalières de Saint-Anastase. — 1817. Marché des Blancs-Manteaux.

2**

ORGEMONT. — *Quartier de la place Royale.* — D'Orgemont. — 1404. Duc de Berry. — 1422. Duc d'Orléans. — Duc de Bedford, régent pour Henri V et Henri VI d'Angleterre. — Hôtel royal des Tournelles. — 1565. Démoli à la suite de la mort de Henri II, roi de France. — Actuellement place des Vosges et rues adjacentes.

ORLÉANS. — *Rue d'Orléans-Saint-Marcel* (Daubenton), entre le cimetière Saint-Médard, la rue Censier, la Bièvre et la rue du Fer-à-Moulin. — J. de Mauconseil; H^{el} des Carneaux. — 1380. De Dormans. — 1386. J. Duc de Berri. — 1387. Isabeau de Bavière. — Duc d'Orléans; Séjour d'Orléans. — Louis II, roi de Sicile. — Réuni à la Couronne. — 1483. J. Louet, trésorier des Chartes. — 1645. De Mesmes. — Religieux de Sainte-Geneviève.

SÉJOUR D'ORLÉANS. — *Entre les rues Saint-André-des-Arts et de l'Éperon,* touchant à l'enceinte de Philippe-Auguste. — 1292. P. de Meudon, concierge du roi de Navarre. — 1330. Séjour d'Orléans. — 1490. J. Coytier, maison de l'Éléphant.

ORMESSON. *Place Royale, 15.* — 1752. D'Ormesson du Charet. — 1789. Nègre de Boisboutron.

ORMESSON. — *Place Royale, 26.* — De Tresmes. — 1728. d'Ormesson. — 1753. Camuset, fermier général. — 1789. De Gourgues.

OSMOND. — *Rue Basse-du-Rempart, 8.* — 1775. Dessiné par Brongniart pour de Sainte-Foix, trésorier de la marine. — Des Tillières. — Comte d'Osmond. — Concerts Musard. — Détruit pour l'Opéra et la rue Halévy.

P

PALAIS BOURBON. — *Rue de l'Université, place du Palais-Bourbon.* — 1722. Madame la Duchesse de Bourbon. — 1756. Le Roi de France. — 1770. Prince de Condé. — Corps Législatif. — Chambre des députés.

PALAIS-ROYAL. — *Rue Saint-Honoré.* — Ancien hôtel d'Armagnac et de Rambouillet. — 1629. Bâti par le cardinal de Richelieu. — Le roi Louis XIII. — Louis XIV. — Philippe de France. — Philippe d'Orléans, Régent. — 1830. Louis-Philippe duc d'Orléans. — 1848. Saccagé par l'émeute.

DE PAROY. — *Rue des Saussaies, 15.* — 1775. De Paroy. — De la Briche. — Molé de Champlatreux. — 1848. De Béhague.

PASTORET. — *Place de la Concorde, 6.* — 1775. Rouillé de l'Estang. — 1819. Marquis de Pastoret. — Marquise de Plessis-Bellière.

PAVILLON DU ROI. — *Place Royale et rue Royale.* — 1752. Rome, conseiller au Grand-Conseil.

LE PÉLETIER. — *Rue Culture-Sainte-Catherine.,* au coin de la rue du Parc-Royal. — 1652. Arsenal de la ville. — Marion Delorme. — 1713. Le Péletier de Souzy. — 1728. Le Péletier des Forts. — 1789. Le Péletier de Saint-Fargeau. — Pension Jauffret.

LE PÉLETIER. — *Place Vendôme, 4, 6.* — Aubert.

— 1789. Le Péletier de Saint-Fargeau. — Princesse de Chimay. — Hôtel du Rhin.

PÉRIGORD. — *Rue de l'Université, 57.* — 1753. Duc de Saint-Simon. — 1789. Talleyrand de Périgord. — Directoire. Madame de Cazeaux. — 1822. Baron Brun de Villeret. — 1840. Maréchal Soult, duc de Dalmatie. — Boulevard Saint-Germain.

PERRÉGAUX. — *Rue de la Chaussée-d'Antin 11.* — Demoiselle Guimard, danseuse. — Comtesse Dulau. — 1804. Perrégaux, banquier. — Magasin de la Chaussée-d'Antin. — Détruit par la rue Meyerbeer.

PÉRUSSE-ESCARS. — *Rue du Cherche-Midi, 87.* — 1789. De Pérusse-Escars. — 1812. Maréchal Lefebvre duc de Dantzig.

PET-AU-DIABLE. — *Rue du Pet-au-Diable,* au Martelet Saint-Jean. — François Chanteprime. — 1379. Raoul de Couci. — J. de Béthisy. — J. Thuillier. — J. de l'Hôpital, seigneur de Saint-Mesme. — 1719. De Torci. — La Tour-du-Pet au Diable. — Était aussi appelé Synagogue, Martelet Saint-Jean, vieux Temple. — Rue de Rivoli. Hôtel de Ville.

PHÉLIPPEAUX. — *Rue Coq-Héron,* au coin de la rue Pagevin. — 1652. Écuries d'Épernon. — 1713. Phélippeaux, marquis de Châteauneuf.

PIMODAN. — *Ile Saint-Louis, quai d'Anjou.* — Le Gruin des Bordes, financier. — 1657. Lauzun, mari de la Grande Mademoiselle. — Ogier, receveur du clergé. — 1752. Lavallée de Pimodan. — Baron Pichon, savant bibliophile.

PINON. — *Rue Grange-Batelière.* — Fief de la Grange-Batelière. — Hôtel Pinon. — 1820. Mairie du

IIᵉ Arrondissement, ancien. — Détruit par le prolongement de la rue Drouot.

PINON DE QUINCY. — *Rue Culture-Sainte-Catherine*, au coin de la rue Saint-Antoine. — 1717. Pinon
de Quincy, maître des requêtes. — 1728. Poultier
intendant des finances. — Actuellement caserne de
Sévigné, sapeurs-pompiers.

PLESSIS-CHATILLON. — *Rue des Bons-Enfants, 17, et rue de Valois, 8.* — 1652. Hôtel de
Mélusine, aux Lusignan. — 1713. Plessis Châtillon. —
1784. Démoli. — Restaurant du Bœuf-à-la-Mode.

POITIERS. — *Rue Saint-Dominique,* 5 (71 ancien).
— 1713. Neufchâtel. — 1728. Tavannes. — 1775. De
Poitiers. — 1787. De Bénonville. — Gateaux membre
de l'Institut. — Brame, inspecteur des Ponts et
Chaussées.

POLIGNAC. — *Rue d'Anjou-Saint-Honoré, 4.* —
Marquis de Polignac.

POMMEREUIL. — *Rue Vieille-du-Temple,* entre
les rues des Francs-Bourgeois et Barbette. — 1728. De
Pommereuil.

POMPADOUR. — *Rue de Grenelle, 142.* — 1713.
Abbé de Pompadour. — 1765. De Boufflers. —
1789. De Bézenval. — Lucien Bonaparte. — 1804.
Moreton de Chabrillant.

POMPONNE. — *Rue de la Verrerie, 58 ou 60,*
entre les rues du Temple et du Renard — 1699. Famille Arnauld de Pomponne.

POMPONNE. — *Rue Neuve-Saint-Augustin,* au coin
de la rue Richelieu. — 1739. Marquis de Pomponne.
— Marquise de Villarceaux.

PONS. — *Rue des Saints-Pères, 50 ou 52*, entre les rues Saint-Dominique et de Grenelle. — Abbé de Saint-Thierry. — 1643. M. de Creil. — 1658. Duchesse de Villars. — 1687. Marquis de Cavoie. — 1749. De Pons.

POZZO-DI-BORGO. — *Rue de l'Université, 39 ou 41.* — 1753. Le sieur Béliquart. — 1775. De Soyecourt. — Duc de Blacas. — Pozzo-di-Borgo.

Per PRÉSIDENT. — *Ancienne Cour du Palais. Cité.* — Palais de Saint-Louis. — Hôtel de M. le Per Président du parlement de Paris. — Sur son emplacement on a construit la Préfecture de police et la Cour d'assises.

PRÉSIDENCE DE LA CHAMBRE. — *Place Vendôme, 19.* — 1728. Hôtel des Écuries. — De Broglie. — Président de la Chambre des députés. — Crédit Foncier.

PREUILLY. — *Rue Geoffroy-l'Asnier, 19*, près le cul-de-sac Putigneux. — Religieux de Preuilly.

PRÉVOT DE PARIS. — Nous comprenons sous ce nom l'espace compris entre les rues Saint-Antoine, Percée, de Jouy, et les murs de l'enceinte de Philippe-Auguste, qui renfermait plusieurs lots, tantôt séparés, tantôt réunis. — 1369. Hugues Aubriot, prévôt de Paris (maison des Marmousets). — 1383. Pierre de Giac, chancelier. — 1397. L. d'Orléans (hôtel de la Barre ou du Porc-Epic). — 1404. Jean, duc de Berri. — 1404. Jean de Montaigu. — 1409. Guillaume de Bavière, comte de Hainaut. — 1417. Jean de Bourgogne, duc de Brabant. — 1440. Connétable Arthur de Richemont. — 1472. Robert d'Estouteville, prévôt de Paris. — 1479. J. d'Estouteville, prévôt de Paris. — 1509. L. Malet, amiral de Graville. — 1516. P. de

Balzac d'Entragues. — 1572. Guillaume le Gentilhomme. — De Jassaud. — Noviciat des Jésuites. — Lycée Charlemagne.

PUISIEUX. — *Rue de Grenelle, 87.* — 1736. De Grivel, comte d'Auroy. — 1783. De Puisieux. — 1789. Marquise de Plamarens.

Q

QUERHOËNT. — *Rue de Sèvres, 111,* entres les rues Saint-Romain (de Ravel) et de la Barouillère. — De Saint-Simon. — 1803. De Querhoënt. — Madame Adanson, veuve du naturaliste.

LA QUEUILLE. — *Rue de Babylone,* entre la caserne et la rue Vanneau. — 1789. Marquis de la Queuille.

R

RAGUSE. — *Rue de Paradis-Poissonnière, 51.* — 1814. Marmont, duc de Raguse.

RAGUSE. — *Rue Boissy-d'Anglas, 8* (rue des Champs-Élysées). — Pension Lorphelin. — 1816. Maréchal comte Sérurier. — 1830. Marmont, duc de Raguse. — 1841. Comte Pélet de la Lozère.

RAMBOUILLET. — *Rue de la Planchette* (Charenton), contre la rue de Rambouillet. — 1676. Rambouillet, financier. — Rambouillet de la Sablière, ami de J. de La Fontaine. — Complètement détruit depuis longtemps; on l'appelait hôtel des Quatre-Pavillons.

RAMBOUILLET. — *Rue Saint-Thomas-du-Louvre*, à côté de l'hôtel de Longueville, adossé aux Quinze-Vingts. — 1378. Comte de Vendôme. — 1399. Comte de la Marche. — 1590. Dé Pisani. — 1600. D'Angennes de Rambouillet. — 1652. De Montausier. — 1680. De Crussol d'Uzès. — 1792. Théâtre du Vaudeville. — Écuries du roi Louis-Philippe. — 1850. Démoli pour la réunion du Louvre et des Tuileries. Pavillon Richelieu.

RANNES. — *Rue des Marais* (Visconti), 21. — Marquis de Rannes. — 1699. On dit que Racine y mourut.

DE RAY. — *Faubourg Saint-Honoré*, donnant sur la grande et la petite rue Verte. — 1787. Marquis de Ray.

LE REBOURS. — *Rue Neuve-Saint-Merri*, entre le cul-de-sac du Bœuf et la rue Pierre-au-Lard. — Président Robert Auberry. — Denis de Noirmoutiers. — J. Bouër, secrétaire du Roi. — Yves Mallet. — 1713. Th. le Rebours de Bertranfosse, président au Grand Conseil. — De Morangis. — Devinf.

RÉCAMIER. — *Rue de la Chaussée-d'Antin*, 7. — Necker. — Baron Récamier. — Comtesse le Hon. — 1860. Bureaux du chemin de fer P.-L.-M. — Détruit par la rue Meyerbeer.

RÉGNARD. — *Jardin des Tuileries*, près de la Porte de la Conférence, à l'emplacement actuel de l'Orangerie. — 1652. Jardin de Plaisance et Cabaret cité dans les mémoires et tenu par Régnard ou Renart, valet de chambre du Roi. — 1664. Détruit par le Nostre.

REINE BLANCHE. — *Rue de la Tixeranderie,* entre les rues du Coq et des Deux-Portes. — Formé par la réunion des hôtels de Jacques de Bourbon et du duc de Berri. — Blanche de Navarre, deuxième femme de Philippe de Valois. — Rue de Rivoli.

REINE BLANCHE. — *Rue de la Reine-Blanche,* près des Gobelins. — Séjour de la reine Blanche. — Comtesse de Piémont.

REINE MARGUERITE. — *Le long de la Seine,* entre la rue de Seine et la rue des Saints-Pères. — Reine Marguerite, première femme de Henri IV (1605-1615). — 1622. Détruit et remplacé par les hôtels du quai Malaquais, le couvent des Petits-Augustins, maintenant les Beaux-Arts, et l'hôtel de La Rochefoucauld.

RETZ. — *Rue d'Orléans* (Charlot), 9. — Montmorency. — 1652. De Retz. — Bonne de Créqui, duc de Lesdiguières et de Retz. — 1678. Le Camus de Bligny. — 1750. Brion de Marolles.

DE LA REYNIE. — *Rue du Bouloi,* 8, à côté du passage Véro-Dodat. — 1652. De Dreux d'Aubry, lieutenant civil, père de la marquise de Brinvilliers. — 1728. De la Reynie, lieutenant général de police. — J. d'Alby. — Rouillé de Boissy.

RICHELIEU. — *Place Royale, 21, 23.* — Cardinal de Richelieu. — 1728. De Fronsac. — 1789. Vicomte de Lescalopier.

RICHELIEU. — *Quai Dauphin,* au coin de la rue de Bretonvilliers. — 1661. Comans d'Astry, financier. — Rouillé, comte de Meslay. — 1696. Duc de Richelieu.

— Duc de Fronsac, plus tard maréchal de Richelieu. — Vielle.

RICHEPANSE. — *Rue Massérano, 9, boulevard des Invalides, 50.* — 1804. Richepanse.

RIVIÈRE. — *Rue d'Anjou-Saint-Honoré, 23.* — De Rivière ou de la Rivière. — Détruit par le boulevard Malesherbes.

ROCHECHOUART. — *Rue de Grenelle, 110.* — 1789. Comte de Rochechouart. — Maréchal Lannes, duc de Montebello. — 1812. Maréchal Augereau, duc de Castiglione. — Ministère de l'Instruction publique.

LA ROCHEFOUCAULD. — *Rue de Varenne. 58,* en face de l'hôtel Matignon. — 1775. Comte de la Rochefoucauld.

LA ROCHEFOUCAULD. — *Rue de Seine.* — Hôtel de la reine Marguerite. — Hôtel Dauphin. — Duc de Bouillon, père de Turenne. — 1652. Duc de Liancourt. — 1659. Duc de La Rochefoucauld. — 1825. Détruit par la rue des Beaux-Arts.

LA ROCHE-GUYON. — *Rue des Bons Enfants, 21.* — 1636. De Liancourt, comte de la Roche-Guyon. — D'Effiat. — 1720. Marquis d'Artaguette. — Comte de Carvoisin. — De Lussac. — Marigner, receveur général — 1821. Bertrand, notaire.

LA ROCHEPOT. — *Rue Saint-Antoine* (Saint-Paul Saint-Louis), donnait rue Saint-Paul (passage Saint-Louis), entre la rue Saint-Paul et les murs de l'enceinte de Philippe-Auguste. — Seigneurs de la Rochepot, branche des Montmorency. — 1552. Le connétable de Montmorency y reçoit le nonce du

Pape Jules III. — Appelé aussi hôtel d'Anville. — 1580. Vendu pour y établir la maison professe des Jésuites. — Église Saint-Paul — Saint-Louis et Lycée Charlemagne.

ROHAN. — *Rue de Varenne.* — 1713. D'Étampes. — De Polignac. — 1728. Marquis de Béthisy-Mézières. — 1759. Mazarin — 1775. De Rohan — 1838. Prolongement de la rue Vanneau.

ROHAN. — *Place Royale, 13.* — De Villequier. — 1652. Des Hameaux. — 1728. De Rohan-Chabot. — De la Borde, valet de chambre du Roi. — 1789. De la Pallu. — De Chantemerle.

ROHAN-CHABOT. — *Rue de Varenne,* contre la rue Vanneau. — 1713. Châtillon. — 1728. Ph. de Vendôme, Grand-Prieur. — 1733. La Tour-Maubourg. — La Trémoille, prince de Talmond, duc de Châtellerault. — 1750. Rohan Chabot, prince de Léon. — 1756. Ventadour. — Prince de Chimay. — 1826. Rougevin, architecte. — Rue Vanneau (Mademoiselle).

ROLLAND. — *Quai de la Tournelle,* près de la rue de Poissy. — 1780. Président Rolland d'Erceville. — 1786. De Bouffret, magistrat.

DE ROQUELAURE. — *Rue Saint-Dominique, 64.* — 1726. Maréchal de Roquelaure. — De Léon. — De Pons. — 1740. Molé. — De Lesdiguières. — Béthune-Sully. — Président de Maisons. — 1812. Cambacérès, archichancelier. — Ministère de l'Agriculture et du Commerce.

ROSAMBO. — *Rue Jacob, 56.* — 1753. Président de Rosambo. — Librairie Didot.

ROSAMBO. — *Rue de Bondy,* entre la rue de

Lancry et le faubourg Saint-Martin, derrière le théâtre de la Porte-Saint-Martin. — 1787. Le Péletier de Rosambo. — 1842. Baron Taylor.

ROTROU. — *Place Royale, 5.* — 1752. De Rotrou, conseiller au grand conseil.

ROUAULT. — *Rue de Lille, 73.* — De Stonville. — 1775. De Rouault. — 1788. De Puységur. — 1792. Marquis de Condorcet.

ROUAULT. — *Rue de la Ville-l'Évêque, 3.* — 1787. De Rouault.

ROUGEAU. — *Rue de l'Université, 11.* — 1639. Président Séguier. — 1643. Briçonnet du Mesnil de la Chaussée. — 1753. Président Rougeau. — 1854. Armand Bertin.

ROUGEMONT. — *Rue Bergère,* entre les rues du Faubourg-Montmartre et du Faubourg-Poissonnière. — Samuel Bernard, financier. — 1769. Marquet de Peyre. — 1788. Bernard de Boulainvilliers. — Marquis de Cavanac. — 1807. De Rougemont de Lœwenberg. — 1844. Détruit pour percer la rue Rougemont.

ROUILLÉ. — *Rue Payenne, 1.* — 1652. Religieuses de la Nativité de Jésus. — 1728. Rouillé, procureur général à la chambre des comptes.

DU ROURE. — *Rue de Lille, 70, 68.* — 1788. Comte du Roure. — 1812. Maréchal Ney. — 1846. Duc de Noailles.

ROVIGO. — *Rue Laffite, 19.* — Naugude. — Savary duc de Rovigo. — De Greffulhe. — J. Périer. — 1848. Baron James de Rothschild.

ROYAL SAINT-PAUL. — *Rues Saint-Paul, Saint-Antoine, boulevard Bourdon, Seine.* — Comprenait, sous le nom général d'Hôtel des Grands-Ébattements, les hôtels de Saint-Maur, d'Étampes, de Pute-y-Muce, de la Reine, de Beautreillis, de la Pissote, etc.; a été achevé de détruire au xvie siècle.

ROYAUMONT. — *Rue du Jour, 4.* — Adossé à Saint-Eustache — 1613. Hurault, évêque de Chartres, abbé de Royaumont. — Montmorency, comte de Bouteville. — 1628. Henri François, maréchal de Luxembourg.

DE ROYE. — *Rue du Bac, 48,* en face de la rue de Gribeauval. — 1728. De Roye. — Peut-être le même que Boulogne.

RUPELMONDE. — *Rue Saint-Dominique, 67.* — — De Varangeville. — Maréchale de Villars. — 1758. Marquise de Rupelmonde. — 1775. De Guerchy.

S

SAINCTOT. — *Quai Dauphin de Béthune ou des Balcons,* derrière l'église Saint-Louis-en-l'Ile. — 1652. Sainctot.

SAINT-CHAMANS. — *Rue de la Victoire,* côté des nos pairs, au coin de la rue Taitbout. — 1789. De Saint-Chamans — Basoun. — 1842. Comtesse de Rigny.

SAINT-CHAUMONT. — *Rue Saint-Denis.* — près de la rue Tracy. — 1631. Marquis Mitte de Saint-Chaumont. — 1685. Maréchal de la Feuillade. — On y fond la statue de la place des Victoires. — 1685. Filles de

3

l'Union Chrétienne ou Dames de Saint-Chaumont. — 1728. M. d'Illy. — Magasins de neauveautés « à Marie Stuart »; donne sur le boulvard de Sébastopol.

SAINT-FARON. — *Rue de la Verrerie, et rue de la Tixeranderie,* près de la rue des Mauvais-Garçons. — Abbés de Saint-Faron. — Rue de Rivoli, caserne Napoléon.

SAINT-FÉLIX. — *Quai Dauphin, de Béthune ou des Balcons, 11,* près de l'hôtel d'Astry. — 1789. Dehéman de Saint-Félix, maître des comptes.

SAINT-FLORENTIN. — *Rue Saint-Florentin,* 2, au coin de la rue de Rivoli. — 1767. Bâti par Chalgrin pour Phélippeaux de la Vrillière de Saint-Florentin. — Duc de Fitz-James. — 1787. Duc de l'Infantado. — Marquis d'Hervas. — De Talleyrand, prince de Bénévent. — 1814. L'Empereur de Russie y habite. — Princesse de Liéven. — Baron A. de Rothschild.

SAINT-GELAIS. — *Rue de Varennes, 21,* tout près de la rue du Bac. — 1713. De Saint-Gelais. — 1775. Du Plessis Chatillon.

SAINT-GÉRAN. — *Place Royale, 24 et rue des Tournelles.* — Marquis de Vitry. — 1652. De la Guiche de la Palue de Saint-Géran. — De Duras. — 1728. Boufflers. — 1752. D'Ormesson, avocat général.

SAINT-GERMAIN. — *Rue Saint-Lazare,* en face de la rue de la Rochefoucauld. — 1804. Demoiselle de Saint-Germain. — De Beaumé, magistrat. — Maréchal Ney. — 1818. Duchesse de Vicence. — Entamé par la rue de Châteaudun.

SAINT-JULLIEN. — *Rue Laffitte, 17.* — De Saint-

Jullien, financier. — 1804. Reine Hortense. — 1848. De Rothschild (Salomon).

SAINT-MESMES. — *Quai des Célestins, 6.* — 1652. M. Janin. — 1728. Saint-Mesmes.

SAINT-POUANGE. — *Rue Neuve-des-Petits-Champs* entre les rues Saint-Anne et Richelieu. — Béchamel de Nointel. — 1728. Colbert de Chabannais de Saint-Pouange. — 1765. Bollioud de Saint-Jullien, receveur général du Clergé. — 1775. Détruit pour le percement de la rue de Chabannais.

SAINT-POL. — *Touchant l'enceinte de Philippe-Auguste à l'emplacement de l'Oratoire.* — Comtesse de Sancerre. — Clermont. — 1395. Valeran de Luxembourg, comte de Saint-Pol. — 1616. Détruit pour bâtir l'Oratoire.

SAINT-VICTOUR-SENNETERRE. — *Rue de Grenelle,* entre la rue des Saints-Pères et la rue des Rosiers. — De Bragelonne. — 1687. De Beauvais. — 1713. Marquis de Saint-Victour-Senneterre.

SAISSEVAL. — *Rue de Lille, 72.* — 1788. Marquis de Saisseval.

LA SALLE. — *Rue de Grenelle, 83.* — De Monceaux. — 1713. De Bonneval, Marquis de Martonne. — 1771. Marquis de Caillebot de la Salle. — 1812. Comte Maret, conseiller d'État.

SALM. — *Rue de Lille, 64.* — Prince de Salm-Salm. — Lieutraud, marquis de Beauregard. — Madame de Staël. — 1802. Palais de la Légion d'honneur. — 1871. Brûlé par la commune. — Rebâti aux frais des Légionnaires.

SAMUEL BERNARD. — *Rue N.-D. des Victoires,* entre les rues Jocquelet et Saint-Pierre. — 1728. Samuel Bernard, financier. — Messageries Royales.

SARON. — *Rue de l'Université, 17.* — 1639. Lhuillier. — 1753. Bochard de Saron.

SARTINES. — *Rue Neuve-Saint-Augustin,* au coin de la rue de Gramont. — Partie de l'hôtel de Gramont; détruit en 1767. — 1775. De Sartines,

SAUMERY. — *Rue Saint-Dominique, 72.* — De Maulevrier. — 1720. Prince d'Auvergne. — Cardinal de Tencin. — De Ville. — Maréchal de Nangis-Brichanteau. — 1787. Marquis de Saumery.

SAUROI. — *Rue Charlot, 60.* — 1728. Duret de Sauroi. Marquis de Terrail (Hôtel Bayard). — Duc de Cossé-Brissac, gouverneur de Paris. — 1775. De Wenzel.

SCIPION. — *Rue du Fer-à-Moulin,* au coin de la rue de la Barre (Scipion). — Scipion Sardini. — 1636. Hôpital de Sainte-Marthe. — Boulangerie des hôpitaux.

SÉBASTIANI. — *Faubourg Saint-Honoré,* près de l'Élysée. — M. Bouret. — Prince Xavier de Saxe. — Maréchal Sébastiani. — 1847; la duchesse de Praslin y est assassinée. — Détruit par la rue de l'Élysée.

SÉGUIER. — *Rue Pavée, 16* (Séguier). — De Moussy. — 1695. D'Argouges, marquis de Rannes. — La Palue Bouligneux. — Marquis de la Housse. — 1728. Marquis de Flamarens, grand chancelier. — 1750. De Marigny. — Séguier.

SEIGNELAY. — *Rue Saint-Dominique, 115.* — 1787. — Marquis de Seignelay. — 1812. Demonville.

SEIGNELAY. — *Rue Montmartre*, coin gauche sur le boulevard, contre l'hôtel de Luxembourg. — 1728. De Seignelay.

SENS. — *Angle des rues du Figuier et de la Mortellerie.* — Hôtel d'Estoménil. — Archevêques de Sens. — Cardinal Du Prat, Chancelier. — 1594. Le Cardinal Pellevé y meurt. — 1606. La Reine Marguerite. — 1752. Voitures pour Lyon.—1840. Roulage. — 1880. Confiturerie Saint-James.

SENS. — *Rue de Grenelle, 140.* — 1728. — De la Trémoille dit le duc de Noirmoutiers. — Marquis de Matignon. — 1775. Comtesse de Sens. — Gardes du Corps du comte d'Artois. — École d'État-Major. — École supérieure de Guerre.

SÉRIZY. — *Rue Charlot*, au coin du boulevard. — Beausire. — 1728. Des Angles. — Malo de Sérizy, magistrat.

SERPENTE. — *Rue Serpente*, au coin de la rue Hautefeuille. — Religieuses de Fécamp. — 1652. Hôtel de la Sirène ou de la Serpent. — Helvétius, médecin. — Panckoucke, libraire. — A fait partie de l'hôtel de Miraulmont.

DE SICILE OU D'ANJOU. — *Rue de la Tixeranderie*, entre les rues de la Verrerie, du Coq et des Coquilles. — Louis d'Anjou, roi de Naples, de Jérusalem, d'Aragon, de Sicile, petit-fils de Jean II, roi de France. — 1652. Thomas de la Macque. — Rue de Rivoli.

SILLERY. — *Quai Conti*, cul-de-sac de la Monnaie.

— 1714. Sillery-Genlis. — 1793. Brûlart de Sillery, marquis de Genlis. — 1806. Librairie Maire-Nyon. — 1819. — Baron Larrey, chirurgien militaire.

DE SILLERY. — *Rue Saint Honoré, place du Palais-Royal.* — 1420. Guy de Laval. — 1530. Jean de Vignelles. — Pierre de Galande, — 1616. Brûlart de Sillery. — 1719. Château d'Eau. — 1848. Brûlé par l'émeute. — 1854. Démoli pour le percement de la rue de Rivoli.

SOISSONS. — *Entre les rues Coquillière, du Four, des Deux-Ecus et de Grenelle.* — De Nesle. — Blanche de Castille, mère de saint Louis. — Dit : de Bohaigne, Béhaigne, Bahagne, Béhaingne, de Bohème.—D'Orléans. — 1492. Filles Pénitentes. — La reine Catherine de Médicis. — 1604. Hôtel de Soissons. — 1748-49. Entièrement abattu moins la colonne. — Halle aux blés.

SOMMARIVA. — *Rue de la Chaussée-d'Antin, 5.* — Mme d'Epinay. — 1784. Baron de Grimm. — Canuel, officier général. — 1812. Comte de Sommariva.

SONNING. — *Rue Richelieu,* entre les rues Ménars et Saint-Marc. — 1728. De Sonning, financier.

SOUBISE. — *Rue de Paradis et rue du Chaume.* — Grand chantier du Temple. — Hôtel de la Miséricorde — 1393. Olivier de Clisson. — 1545. L'hôtel de Clisson, réuni à ceux de Laval ou Navarre, ou d'Armagnac, et à celui de La Roche-Guyon (1560), devient l'hôtel de Guise. — 1697. De Rohan-Soubise. — 1808. Archives Nationales.

SOURDÉAC. — *Rue Garancière, 8, 10.* — De Léon. — De Rieux. — 1651. De Rieux de Sourdéac. — De la Sordière. — 1728. De la Chaise. — De Montagu. — 1789. Marquis de Lubersac. — Mairie du XI⁰ Arrondissement (ancien). — Librairie Plon.

SOURDIS. — *Rue de l'Arbre-Sec*, 21, impasse Sourdis et cul-de-sac de Court-Bâton. — 1652. D'Escoubleau de Sourdis; — dit aussi du Petit-Paradis. — A côté de la mairie du I⁰ʳ Arrondissement.

SOURDIS. — *Rue d'Orléans* (Charlot), 5. — Montmorency. — 1652. De Sourdis. — 1713. Gruyn des Bordes. — 1766. Villeron de Cambis. — 1789. D'Crmesson.

SOUVRÉ. — *Rue Fromenteau*, au coin de la rue de Beauvais. — 1607. La Varenne. — 1613. G. de Souvré, maréchal de France. — 1658. Souvré, marquis de Courtanvaux, le cède au Roi. — xviii⁰ siècle. Occupé par les artistes et entrepreneurs du Louvre. — Sur le prolongement du Louvre.

SOYECOURT. — *Rue de l'Université, 43*, en face de la rue de Poitiers. — 1728. Président de Maisons. — 1775. De Soyecourt. — 1789. De Fernand-Nunés, ambassadeur d'Espagne.

SOYECOURT. — *Rue de l'Arcade, 22.* — De Soyecourt. — Comte de Castellane. — Marquis de Lubersac. — 1787. Maréchal de Soubise. — Conti. — 1805. Dézarnod, inventeur des cheminées économiques. — 1825. Détruit par la rue de Castellane.

STRASBOURG. — *Rue Vieille-du-Temple et rue des Quatre-Fils.* — Partie de l'hôtel de Soubise. — 1712. Cardinal de Rohan, évêque de Strasbourg. — 1808. Imprimerie Impériale.

SULLY. — *Rue Saint-Antoine*, en face du passage

Saint-Pierre et place Royale, 7. — 1652. Sully. — Du Vigan. — 1766. Turgot. — 1789. De Boisgelin.

LA SUZE. — *Rue de Varenne, 47*, près de la rue Barbet-de-Jouy. — 1787. Marquise de la Suze. — La Rochefoucauld-Doudeauville.

T

TALLARD. — *Rue des Archives* (Enfants-Rouges), 2, au coin de la rue Pastourelle (Anjou). — Amelot de Chaillou, maître des requêtes. — Eymard, grand maître des Eaux et Forêts. — 1728. Maréchal de Tallard. — Marquise de Pont-Sassenage. — De Nicolaï. — Bâti par Bullet.

TALARU. — *Rue Richelieu*, entre les rues des Filles-Saint-Thomas et Colbert, tenant à cette rue. — 1787. Marquis de Talaru. — Servit de prison sous la Révolution. — Bossange, libraire. — 1850. Bureau de l'*Illustration*.

TALMOND. — *Place Royale, 22*. — 1752. Prince de Talmond. — 1789. Marquise de Beausang.

TALMOND. — *Rue des Jeûneurs*, au coin de la rue Saint-Fiacre. — 1728. Talmond.

TANLAY. — *Rue Saint Louis* (Turenne), en face de la rue Saint-Anastase. — 1728. Melion. — 1789. Thévenin de Tanlay, premier président à la Cour des Monnaies.

TARANNE. — *Rue Taranne*, entre les rue de l'Égout et du Dragon. — 1412. J. Taranne, Argentier.

— M. de Laillier. — 1652. Une partie est l'Académie d'équitation de M Longpré. — Cour du Dragon.

LE TELLIER. — *Rue des Francs-Bourgeois, 7, 9,* presque en face de la rue des Trois-Pavillons. — De Flesselles. — 1713. Le Tellier. — De Créquy. — Le Bas du Plessis. — Le Bas de Courmont.

LE TELLIER. — *Rue J.-J. Rousseau,* en face de la rue Pagevin. — 1652. Le Tellier. — 1713. Communauté de Sainte-Agnès.

TERRAY. — *Rue Notre-Dame-des-Champs.* — L'abbé Terray. — Marquis de Fleury. — 1804. Pension de l'abbé Liautard. — 1836. Collège Stanislas. — 1849. Traversé par les rues Stanislas et de Bréa.

TESSÉ. — *Place Royale, 18.* — 1728. Tonnerre. — 1752. De Tessé. — 1789. Le Métayer.

TESSE. — *Quai Voltaire, 1,* au coin de la rue des Saints-Pères. — De Bacqueville. — 1775. Maréchal de Tessé.

TESSÉ. — *Quai d'Anjou, 19. Ile Saint-Louis,* au coin de la rue Poulletier. — Meiland, conseiller au Parlement. — De Tessé. — 1728. — Bureau des Saisies et Recettes.

THÉLUSSON. — *Rue de Provence,* en face de la rue d'Artois (Laffitte). — 1780. Bâti par Ledoux pour madame Thélusson. — 1789. Comte de Saint-Pons Saint-Maurice. — 1804. Prince Murat. — 1819. Ambassadeur de Russie. — 1824. Abattu par la rue Laffitte (d'Artois).

THÉVENIN. — *Rue Neuve-des-Petits-Champs,* au

3*

coin de la rue Sainte-Anne. — 1713. M. Thévenin. — 1728. Séchelles.

THOINARD DE VOUGY. — Rué Coq-Héron, 5. — 1730. D'Ollonne. — Thoinard de Vougy, fermier général. — Nicolaï. — 1793. Hôtel garni. — Frères Enfantin, banquiers. — Dupin aîné. — Caisse d'épargne.

THOMÉ. — Rue du Grand-Chantier, 9 (Archives). — J. de Turmenies. — 1728. P. Thomé, trésorier des Galères. — Comte de Bussi.

THOU. — Rue des Poitevins, 14. — 1680. De Thou. — Agasse. — 1819. Librairie Panckoucke.

THUN. — Rue de Provence, en face de la Cité d'Antin. — De Thun. — Écuries d'Orléans. — 1814. Comte Regnault de Saint-Jean-d'Angely. — 1816. Baron Seillière.

DU TILLET. — Faubourg Saint-Martin, 59, entre le passage Brady et la rue du Château-d'Eau. — Le Mercier, receveur général. — Titon du Tillet, magistrat. — Pompes funèbres. — Omnibus les Dames-Blanches. — Maison de roulage.

DU TILLET — Rue des Saussaies, 13, contre l'hôtel Beauvau. — 1775. Marquis du Tillet. — 1812. M. de Ségur. — 1848. Comte de Grancey.

TINGRY. — Rue de Varenne, 60, près de la rue Bellechasse. — 1728. Duprat. — 1775. De Montmorency-Tingry.

TIROUX. — Rue Michel-le-Comte, 21. — 1728. Tiroux. — 1789. Verniquet, géomètre. — Rue aux Ours.

TITON. — *Rue de Montreuil, 31*, près de la rue des Boulets. — 1728. Titon du Tillet (Folie Titon), François de Saint-Jean, greffier au Parlement. — 1789. Manufacture de papiers peints de Réveillon, pillée le 27 avril. — Entamé par la rue Titon.

TORCY. — *Rue de Lille, 74*. — 1714. De Torcy. — 1804. Duc de Villeroi. — 1812. Prince Eugène, vice-roi d'Italie.

TORPANNE. — *Rue des Bernardins:* Cloître des Bernardins. — 1566. J. Lefevre, abbé de la Chaise-Dieu, conseiller de Charles IX. — 1788. Chol de Tor-panne, chancelier de Dombes. — Congrégation N.-D. de la rue de Sèvres. — Boulevard Saint-Germain.

TOULOUSE. — *Rue du Cherche-Midi, 37*, au coin de la rue du Regard. — 1713. Comtesse de Vérue. Comte de Toulouse. — Conseil de guerre.

LA TOUR-DU-PIN. — *Rue Vieille-du-Temple,* entre la rue de Paradis et la petite porte de l'Hôtel Soubise. — Marquis de Merville. — Bertin, financier. — 1789. La Tour-du-Pin.

TOURVILLE. — *Rue Saint-Martin, 199*, en face de la rue Grenier-Saint-Lazare. — 1728. Tourville.

DE TRACY. — *Rue d'Anjou-Saint-Honoré, 52*, près de la Chapelle Expiatoire. — De Bouville. — Destutt de Tracy, savant. — 1880. Siège de la Compagnie générale des eaux.

LA TRÉMOILLE. — *Rue Vaugirard, 48*, au coin de la rue Férou. — La Trémoille.

LA TRÉMOILLE. — *Rue des Bourdonnais 11 et rue de Béthisy*. — Maison des Carneaux. — 1363. Duc

d'Orléans, frère du Roi Jean. — 1398. Guy de la Trémoille. — Chancelier Dubourg. — 1652. Président de
Bellièvre. — 1791. Fourcroy, chimiste. — Maison dite
« à la Couronne d'Or ». — Rue de Rivoli.

LA TRÉMOILLE — *Rue Saint-Dominique, 63.* —
1787. Duc de la Trémoille. — Empire. Bureaux du
Génie militaire. — Détruit par le boulevard Saint-
Germain.

LA TRÉMOILLE. — *Rue du Temple*, à côté de
l'Hôtel de Montmorency. — 1713. De Marillac. — 1775.
De Talmont de la Trémoille. — Détruit par la rue
Rambuteau.

TRESMES. — *Rue Saint-Louis (Turenne)*, entre les
rues du Foin et des Minimes. — 1652. De Tresmes.

TRÉSORIER. — *Cité*, au coin de la rue de la Baril-
lerie et du quai, près du pont Saint-Michel. — 1728.
Trésorier de la Sainte-Chapelle.

TRUDAINE. — *Rue des Vieilles-Haudriettes, 3.* —
Galland, secrétaire du Roi. — Turgot de Saint-Clair.
— 1775. Trudaine, conseiller d'État.

TUILERIES. — *Place du Carrousel.* — Nicolas de
Neufville. — 1518. Louise de Savoie, duchesse d'Angoulême. — Jean Tiercelin. — 1564. Bâties par Catherine de Médecis. — Augmentées sous Louis XIV. —
La Convention. — Napoléon Ier. — Louis XVIII. —
Charles X. — Louis-Philippe. — Reliées au Louvre
sous Napoléon III. — 1871. Brûlées par la Commune.

TURENNE. — *Rue Saint-Louis* (Turenne), au coin
de la rue Saint-Claude. — 1652. Le Vasseur. — Maréchal de Turenne. — Cardinal de Bouillon. — 1684.
Filles du Saint-Sacrement. — Église Saint-Denis-du-
Saint-Sacrement.

TURGOT. — *Rue Portefoin, 12.* — 1688. Briçonnet Marquis de Rozay, Comte d'Auteuil, président au Parlement. — Magnon d'Invault. — 1728. Turgot. — Reneaulme, marquis de Thorigné, conseiller au grand Conseil.

TURMENY. — *Rue Charlot* (d'Orléans), 10. — 1713. De Turmeny. — Leleu, conseiller du Roi. — 1801. Saint-Jean-d'Angely. — 1842. Debelleyme, magistrat.

U

UNIVERSITÉ. — *Rue de l'Université, 25*, au coin de la rue du Bac. — 1666. Du Bouchet de Sourches de Montsorreau. — Prince de Monaco, duc de Valentinois. — 1699. Maréchal de Catinat. — Langlois secrétaire des Finances. — 1725. Pierre de Catinat, magistrat. — 1753, d'Aguesseau, conseiller d'État. — 1820. Magasin du Petit-Saint-Thomas. — Bâti sur des terrains appartenant à l'Université.

URSINS. — *Cité*, rue des Ursins, derrière Saint-Landry, sur le bras droit de la Seine. — Famille Jouvenel des Ursins de Harville dont un membre, Jean Jouvenel des Ursins, fut Prévôt des marchands en 1389. Jouvenel de Harville des Ursins, marquis de Traynel. — xvie siècle. Sur son emplacement on ouvrit la rue du Milieu-des-Ursins. — Achevé de détruire pour construire le quai aux Fleurs et le nouvel Hôtel-Dieu.

UXELLES. — *Rue Neuve-Saint-Augustin*, à côté de la rue de Choiseul. — 1714. Hotel d'Arles. — 1728. Maréchal d'Uxelles. — Lallemand de Betz de Nantau.

— 1789. De Pons. — Mlle Mars, actrice. — 1842 Visconti. architecte.

UZÈS. — *Rue Montmartre.* — 1714. Marquis de l'Hospital. — 1728. Duc d'Uzès. — Empire. — Administration des Domaines. — Douanes. — Delessert — 1870. La Rue d'Uzès le détruit.

V

VALBELLE. — *Rue du Bac, 34,* en face de l'Angle du Petit Saint-Thomas. — 1775. De Valbelle. — 1812. Fouché, duc d'Otrante. — 1834. Comte Lanjuinais.

VALENTINOIS. — *Rue de Lille, 65,* au coin de la rue de Poitiers. — Pagès maître des Requêtes. — Baudoin de Pommeret, marquis de la Fare. — 1739. Desmarets de Maillebois. — 1775. De Monaco de Valentinois. — 1790. Mandat, colonel de la Garde nationale.

VALENTINOIS. — *Rue Saint-Lazare,* au coin de la rue de la Rochefoucauld, — 1789. Duc de Valentinois. — Général Montholon. — 1812. Jalabert, notaire. — Duc de Bassano. — 1842. Comte de Chateauvillars.

LA VALLIÈRE. — *Rue du Bac, 140.* — 1775. De la Beaume le Blanc, duc de La Vallière, bibliophile. — 1780. — Duchesse de Chatillon. — 1820, Sœurs de Saint-Vincent-de-Paul.

VAUDREUIL. — *Rue de la Chaise, 5-7,* en face de la rue de Varennes. — 1789. Comte de Vaudreuil. — Prince Aldobrandini-Borghèse. — Duc d'Uzès.

A VAUPALIÈRE. — *Faubourg Saint-Honoré*
re la rue du Colysée et la rue Matignon. — Le
rcle, marquis d'Argenteuil. — De Chastenay. —
rquis de la Vaupalière. — Baron Rœderer. — Comte
lon. — Comte Molé.

AUVRAY. — *Rue de Seine Saint-Victor* (Cuvier), 57.
. Debray. — 1690. Abbé le Pileur. — 1701. Chomel.
1707. Voullous. — 1708. De Vauvray. — 1731.
cault de Magny. — 1787. Bâtiments dépendant du
din du Roi.

ENDOME. — *Rue Saint-Honoré*, en face des
illants. — 1566. De Retz. — 1603. De Mercœur.
e Vendôme. — 1689. Démoli pour faire la Place
dôme.

ENDOME. — *Rue d'Enfer*, entre le Luxembourg,
s Chartreux. — 1728. Hotel des Chartreux. — Du-
se de Vendôme. — Duc de Chaulnes — Princesse
alt. — École des Mines.

ENDOME — *Rues de Vaugirard et du Cherche-*
i, au coin du Boulevard. — 1728. Duc de Vendôme.

ENISE. — *Rue Saint-Gilles, 8 à 12.* — 1652.
el de Venise. — 1728. De Morangis. — Président
abrosse. — Bauyn, marquis de Péreuse, lieutenant
´ral.

NTADOUR. — *Rue de Tournon, 8,* à côté de la
rne. — 1713. Ventadour. — de Jassaud. 1728.
traire de Saint-Aignan. — Chartraire de Ragny.
ulau d'Allemans, curé de Saint-Sulpice.

C. — *Rue Saint-Martin*, en face de la rue Mont-
ncy. — 1540. Guillaume Budé, savant. —
nguin Prévôt des Marchands. — 1621. Merri de Vic,
e des Sceaux. — 1752. Papillon, financier.

LA VIEUVILLE. — *Rue d'Anjou* (au Marais), 6. —
1643. — De Beautru. — 1728. De la Vieuville. — 1740.
Bertin de Blagny, financier.

LA VIEUVILLE. — *Rues Saint-Paul des Lions, et
quai des Célestins.* — Hôtel des Archevêques de Sens.
— Hôtel royal de Saint-Paul. — Galliot de Ge-
nouillac, grand maitre de l'Artillerie. — 1652. De la
Vieuville. — 1741. J. Chiquet de Champrenard. —
1777. De Vouges de Chanteclair. — Messageries de
Paris à Lyon. — 1793. Cardon, Manufacture de Tabacs.
— 1808. Eaux clarifiées. — 1850. Comte Happey. —
1885. Comte d'Aucourt.

VILLACERF. — *Place Royale, 11,* — 1728. Villacerf. — 1752. De Creil, intendant de Metz. — 1789.
Comte de Voisenon.

VILLARS. — *Rue de Grenelle, 116.* — 1652. Pré-
sident le Cogneux. — Maréchal duc de Navailles.
— Ch. de Lorraine, duc d'Elbeuf. — 1775. Cossé-
Brissac. — 1804. Ministre de l'Intérieur. — Mairie du
VII° arrondissement (nouveau).

VILLEDEUIL. — *Place Royale, 14.* — 1728. De
Canillac. — 1752. Thomé, conseiller au Parlement.
1788. Laurent de Villedeuil, secrétaire d'État. — 1848.
Mairie du VIII° Arrdt (ancien). — 1870. Brûlé par la
Commune. — Temple israélite.

VILLEDO. — *Rue Saint-Louis (Turenne).* — 1652.
Villedo. La famille des Villedo possédait tout le ter-
rain depuis la rue Neuve-Sainte-Catherine. — Michel
Delavigne, docteur régent. — Meynaud de Latour,
financier. — 1789. Lowendal.

VILLEFLIX. — *Rue du Grand-Chantier, 12* (Archives), près de la rue d'Anjou. — 1728. De Villeflix. — Michaut de Montaran.

VILLEQUIER D'AUMONT. — *Rue Neuves-des-Capucines et rue du Luxembourg.* — Castanier, Dr de la Compagnie des Indes. — De Mazade. — De Bronville. — 1787. Duc de Villequier d'Aumont. — Crédit Foncier.

VILLEQUIER D'AUMONT. — *Rue des Poulies,* en face de la rue des Fossés-Saint-Germain-l'Auxerrois, rue de Rivoli. — 1371. Hôtel de Garancière. — 1567. Duc de Nevers. — 1577. Baron de Villequier, gouverneur de Paris. — 1655. D'Aumont, marquis de la Guierche. — 1732. De Rouillé. — 1761. Acheté par le roi et détruit pour agrandir le Louvre.

VILLEROI. — *Rue de l'Université, 9.* — 1639. Président Tambonneau. — 1710. Comte de Matignon. — 1728. Comte de Marsan. — 1753. De Pons. — 1775. De Villeroi. — 1812. Télégraphes. — 1843. Rue Neuve-de-l'Université.

VILLEROI. — *Rue des Bourdonnais, 30.* — 1615. N. de Neufville de Villeroi. — 1680. Pajot, contrôleur général des Postes. — Pajot de Villiers. — Comte d'Onzembray. — 1768. A. Gérard Galley. — 1787. Ducloslange, secrétaire du Roi. — 1792. Combe, verrier. — Tollard. — 1842. M. Gervais.

VILLEROI. — *Rue de Varenne, 78.* — 1728. Mlle Desmares. — Hoguier, baron de Presle. — 1758. Duc de Villeroi. — 1804. De Tessé. — Police générale. — Présidence du Conseil d'État.

VILLETTE. — *Quai Voltaire, 27,* au coin de la rue de Beaune. — De Bragelonne. — 1778. Marquis de Villette. — 1778. Voltaire y meurt, 30 mai.

VITRI. — *Rue Saint-Louis* (Turenne), au coin de la rue des Minimes. — 1652. De Vitry. — Maréchal de Catinat.

VOUGNY. — *Rue du Grand-Chantier, 8* (Archives). — De Vintimille du Luc. — Pomponne du Refuge. — 1728. De Vougny.

VOYSIN. —*Rue Saint-Louis* (Turenne), 80, entre les rues Saint-Claude et Pont-aux-Choux. — 1713. Chancelier Voysin. — 1789. Comte d'Erlach. — 1791. Marquis de Jumillac, commandant la Garde constitutionnelle.

LA VRILLIÈRE. — *Rues de la Vrillière, Ballifre et Neuve-des-Bons-Enfants.* — 1620. Phélippeaux, duc de la Vrillière. — 1705. Rouillé, Maitre des Requêtes. — 1713. Comte de Toulouse. — Convention. Imprimerie nationale. — 1811. Banque de France.

Z

ZONE. — *Rue de Lourcine,* en face de la rue des Bourguignons. — Hôtel de campagne de la Commanderie de Saint-Jean de Latran, appelé vulgairement Hôtel Jaune. — Détruit. — Emplacement du boulevard de Port-Royal.

TABLE DE RENVOI

DES

NOMS PROPRES AUX HOTELS

OU ILS SONT CITÉS

Aiguillon................. Aiguillon. Petit-Bourbon.
Maurepas.
Alais.......... .... Lamoignon.
Alberg .... Créquy.
Albergotti.............. Albergotti.
Albert................. Nivernais.
Albret................. Albret. Fermes.
Albuféra................ Albuféra. Bloin.
Alby .... La Reynie.
Aldobrandini .... Vaudreuil.
Alègre................. Joly de Fleury.
Alençon................ Choisy. La Force.
Longueville.Luxembourg.
Aligre................. Aligre. Beauffremont.
Allemans............... Ventadour.
Alluye................. Angivilliers.
Almanach Royal......... Joly de Fleury.
Ambassade. Angleterre... Charost.
    do   Autriche..... Chatelet.
Montesson.
    Espagne..... Crillon.
    États-Unis... Dervieux.
    Hollande.... Hollande.
Nicolaï.
    Ottomane ... Grimod de la Reynière.
    Parme....... Beintheim.
    Prusse ...... Maine.
    Russie....... Egmont.
Grimod de la Reynière.
Thélusson.
    Venise....... Brou.
Ambassadeurs extraordi- Élysée. Nivernais.
naires................
Ambrun................. Ambrun.
Amelot................. Brou. Guerchy.
Hollande. Novion.
Tallard.

Analt......................	Vendôme.
Ancézune	Ancézune. Charost.
Ancre,...................	Nivernais.
André....................	Beaumont.
Andrezel.	Andrezel.
Andriane...............	Mirepoix.
Andrieux...............	Gagny.
Angennes...............	Angennes. Rambouillet.
Angivilliers.............	Angivilliers.
Angoulême.............	Lamoignon.
des Angles.............	Sérizy.
Anjou...................	Longueville. Sicile.
Antin	Antin. Beauvais. Longueville.
Anville.................	La Rochepot.
l'Archant...............	La Force.
Archevêché.............	Archevêché. Châtelet. Cheniseau.
Archives des Affaires étrangères	Lieutenant-Général de Police.
Archives................	Soubise.
Archives de Saint-Lazare.	Archives de Saint-Lazare.
Arcy	Châtillon. Gouy d'Arcy.
Aremberg	La Marck.
Argenson................	Angivilliers. Argenson. Marche.
Argenteau..............	Augny.
Argenteuil.............	La Vaupalière,
Argouges...............	Argouges. Carnavalet. Séguier.
Arles,...................	Uxelles.
Armagnac..............	Armagnac. Clamart. Palais-Royal. Soubise.
Armaillé...............	Armaillé.
Armalay.........	Dangeau.
Armenonville...........	Armenonville. Noailles.
Arnauld................	Monaco. Pomponne.

Arnoncourt............	Intendant de Paris.
Arnouville............	Coulanges. Machault.
Arras..............	Arras.
Arselot.............	Arselot.
Arsenal.............	Le Péletier.
Artaguette...........	La Roche-Guyon.
Artois.............	Arras. Bourgogne. Nevers.
Asfeld.............	Asfeld.
Asnières...........	Beauvilliers.
Assomption	Bouchage.
Assy..............	Assy.
Astorg	Aiguillon.
Astry.............	Richelieu.
Auberry...........	Le Rebours.
Aubert............	Juigné. Le Péletier.
Aubespin...........	Laval.
L'Aubespine.........	Beauvau.
Aubeterre	Aubeterre.
Aubray............	Brinvilliers. La Reynie.
Aubricourt..........	Le Féron.
Aubriot	Prévot de Paris.
Aubusson	La Feuillade. Massiac.
Aucourt...........	La Vieuville.
Augereau...........	La Force. Rochechouart.
Augny.............	Augny.
Augier	Auguier.
Aumale............	Etampes.
Aumont............	Aumont. Crillon. Mailly. Villequier d'Aumont.
Auneuil	Auneuil.
Auroy.............	Puisieux.
Auteuil............	Chateauvieux. Turgot.
Autun.............	Châtillon.
Avaray............	Avary.
Avaux.............	Beauvilliers. Mesmes.
Auvergne...........	Auvergne. Hercule. Mailly. Saumery.

Avejan	Avejean.
Bacqueville	Tessé.
Bagration	Brunoy.
Baillet	Fermes.
Bailleu¹	Champlâtreux.
Bains Chinois	Conti.
Bainting	Dreneuc.
Balincourt	Balincourt.
La Balivière	Clarembourg.
La Balue	La Balue. Brunet de Chailly.
Balzac	Entragues. Prévôt de Paris.
Banque de France	Massiac. La Vrillière.
Bar	Nesmond.
Barbanson	Barbanson.
Barbeaux	Barbeaux.
Barbet de Jouy	Clermont.
Barbette	Barbette. Estrées.
Barbier	Mousquetaires gris.
Le Barcle	La Vaupalière.
Barnabites	Jarnac.
Baroche	Matignon.
Barras	Boulogne. Coislin - Dreneuc.
Bartholdi	Albuféra.
Le Bas	Mazarin. Montargis. Le Tellier.
La Basinière	La Basinière. Bouillon.
Basoun	Saint-Chamans.
Bassano	Valentinois.
Basseville	Coislin.
Basville	Lamoignon.
Bauyn	Venise.
Bavière	Barbette. Petit Bourbon. La Force. Orléans. Prévôt de Paris.

Bazancourt...... .... Hôtel des Haricots.
Bazin .... Lignerac.
Beaubourg.............. Angennes.
Beaudri .... Nicolaï.
Beaufort............... Maillé.
Beauffremont........... Beauffremont.
Beauharnais............ Aligre. Condorcet. Dillon.
Beaujon............... Élysée.
Beaumanoir............. Beauvais.
Beaumarchais.........'.. Beaumarchais.
La Beaume............. La Vallière.
Beaumé............... Saint-Germain.
Beaumont.............. Beaumont. Condé.
Beaune................ Beaune.
Beaupréau............. Beaupréau.
Beauregard............ Salm.
Beausang............. Beausang. Talmond.
Beausire.............. Mascarani. Serizy.
Beautru .... Argenson. Beautru.
                      Montgelas. La Vieuville.
Beauvais .... Beauvais.Béthune.Créquy.
                      Estourmelles, Feuquiè-
                      res. Lamoignon. Saint-
                      Victour-Senneterre.

Beauvau............... Abrantès. Beauvau.
Beauvilliers..... .... Beauvilliers.
Beaux-Arts............. Bouillon. Mazarin.
Béchamel.............. Saint-Pouange.
Bedford............... Orgemont.
Béhague............... Paroy.
Béliquart............. Pozo di Borgo.
Bellanger............. Hervalt.
Bellegarde .... Fermes.
Belletrux............. Montbazon.
Bellière .... Pastoret.
Bellièvre .... La Tremoille.
La Bellinaye........... La Bellinaye.

Bellisle.................	Bellisle.
Bellocier................	Le Féron.
Bellune.................	Beaune.
Belzunce................	Avejan.
Bénédictines............	Ecuries de Monsieur.
Bénévent...............	Matignon.Saint-Florentin.
Bénonville..............	Poitiers.
Béraucourt.............	La Garde.
Béraudière.............	Combault.
Bercheny...............	Bercheny.
Bercy..................	Bercy.
Bergeret...............	Bergeret. Meslay.
Beringhen..............	Beringhen. Coulanges.
Bernadotte.............	Nicolaï.
Bernage................	Bernage.
Bernard................	Rougemont. Samuel Bernard.
Berne..................	Berne.
Berny..................	La Basinière.
Berri..................	Louvois. Nesle. Orgemont. Prévôt de Paris. Reine Blanche.
Berryer................	Lamoignon.
Berthier...............	Bertin. Intendant de Paris. Monaco.
Berthoud...............	Brutelle.
Bertillac..............	Coulanges.
Bertin.................	Bertin. Noailles. Rougeau. La Tour-du-Pin. La Vieuville.
Bertrand...............	Condorcet. La Roche-Guyon.
Bertranfosse...........	Le Rebours.
Bérulle................	Aligre. Bérulle. Du Bouchage. Crussol. Guéménée.
Berwick................	Berwick.

Béthisy................	Pet-au-Diable. Rohan.
Béthune................	Asfeld. Béthune. Charost. Chastillon. Créquy. Crozat. Roquelaure.
Betz..................	Uxelles.
Beurnonville...........	Brunoy.
Beuvron...............	Harcourt.
Beuzelin	La Force.
Bezenval..............	Pompadour.
Bezons...............	Bezons.
Bibliothèque...........	Mazarin.
Bièvres...............	Écuries de Monsieur.
Bignon...............	Bignon.
Biron	Biron. Harcourt. Montalembert.
Biseuil...............	Hollande.
Bissy................	Lannion.
Blacas................	Pozo-di-Borgo.
Blagny...............	La Vieuville.
Le Blanc	La Vallière.
Blanche de Castille......	Soissons.
Blancs-Manteaux........	D'O.
Bligny	Retz.
Bloin................	Bloin.
Blondi...............	Nesmond.
Bochard..............	Saron.
La Boderie............	Le Fèvre.
Bœuf à la Mode.........	Plessis-Châtillon.
Bohême...............	Soissons.
Boisboutron...........	Ormesson.
Boisfranc.............	Gesvres.
Boisgelin.............	Beausang. Sully.
La Boissière...........	Beauvais. La Boissière.
Boissy	Beauffremont. La Reynie.
Bollioud..............	Saint-Pouange.
Bonac................	Bonac.

Bonaparte..............	Bloin. Brienne. Charost. Condorcet. Dervieux. Pompadour.
Bondi.................	Lecoulteux.
Bonne.................	Lesdiguières. Retz.
Bonneval..............	La Salle.
La Borde..............	Choiseul. Fargez. Rohan.
des Bordes..............	Pimodan. Sourdis.
Bordier...	Canillac.
Borghèse.............	Charost. Vaudreuil.
Bosc	Bosc.
Bosmelet..............	La Force.
Bosnier	Lude.
Bossange..............	Talaru.
Bouchage	Bouchage.
Boucherat.............	Boucherat.
Bouchet..............	Université.
Boucot................	Boucot.
Bouër.................	Le Rebours.
Boufflers	Boufflers. Egmont. Pompadour. Saint-Géran.
Bouffret..............	Rolland.
Bouillon..............	Bouillon. Mailly. La Rochefoucauld. Turenne.
Boula................	Fieubet.
Boulainvilliers..........	Mousquetaires gris. Rougemont.
Boulangerie des Hôpitaux.	Scipion.
Bouligneux.............	Bouligneux. Séguier.
Boulogne..............	Boulogne.
Bourbon	Bonac. Petit - Bourbon. Brienne. Clermont. Condé. Élysée. Foretz. Longueville. Marche. Palais-Bourbon. Reine Blanche.
Bourdeaux.............	Bourdeaux.

Bourée................	Estrées.
Bouret.	Choiseul. Sébastiani.
Bourgade..............	Bourgade.
Bourgogne.............	Bourgogne. Flandre. Nevers. Prévôt de Paris.
Bourlon...............	Marle.
Bourmont..............	Brou. Mortemart.
Bournonville..........	Bournonville.
Boursier..............	Lamoignon.
Bourvallais..........	Chancellerie.
Bouteville...........	Royaumont.
Bouthillier..........	La Force.
Boutin	Ménars.
Boutray..............	La Feuillade.
Bouville.............	Bouville. Tracy.
La Bouxière..........	Épernon.
Boyer................	Coulanges. Créquy.
Boynes...............	Boynes.
Brabant..............	Flandre. Prévôt de Paris.
Brac.................	Brac.
Bragelonne...........	Bragelonne. Saint-Victour-Senneterre. Villette.
Brame................	Poitiers.
Brancas	Brancas. Lauraguais.
Branlart.............	Cramault.
Bretagne.............	Crussol. Foretz. Nesles.
La Bretesche.........	Montbazon.
Breteuil.............	Bercy. Breteuil. Chastillon.
Bretonvilliers.......	Bretonvilliers.
Breuil...............	Breuil.
Brévannes............	Brévannes.
Brézé................	Barbette.
Brichanteau..........	Saumery.
La Briche............	Paroy.
Briçonnet	Rougeau. Turgot.
Brienne..............	Brienne. Mazarin.
La Briffe............	Briffe. Carnavalet. Estrées

Brillon	La Garde.
Brinvilliers	Brinvilliers.
Briois	Bourdeaux.
Brion	Retz.
Brionne	Armagnac.
Brissac	Brissac. Cossé - Brissac. Hinnisdal. Sauroi. Villars.
Brochant	Ambrun.
Brodion	Brodion.
Broglie	Broglie. Lignerac. Présidence de la Chambre
Bronville	Villequier d'Aumont.
La Brosse	Berne.
Brou	Brou.
Brue	Elbeuf.
Brûlart	Sillery.
Brun	Périgord.
Brunet	Brunet de Chailly. Carnavalet.
Brunoy	Brunoy.
Brunswick	Luxembourg.
Brutelle	Brutelle.
Buci	Lyon.
Budé	Vic.
Bugny	Mailly.
Buisson	Brevannes. Combault.
Bullion	Baupréau. Bullion. Michodière.
Bussy	Caumartin. Lyon. Thomé.
Cabanis	Clermont-Tonnerre.
Cadore	Châtelet.
Caillebot	La Salle.
Cailly	Caumartin.
Caisse d'épargne	Herwalt. Thoinard de Vougy.
Cambacérès	Roquelaure.

3***

Cambis............,...	Sourdis.
Cambrai...............	Cramault.
Camus.................	Estrées. Juigné. Montesquiou. Nicolaï. Retz.
Camuzet	Ormesson.
Canillac..............	Canillac. Maillé. Villedeuil.
Canuel	Sommariva.
Capucins..............	Bouchage.
Caraman..............	Auvergne. Barbanson.
Cardon......	La Vieuville.
Carnavalet..........	Carnavalet.
Carré.................	La Curée.
Carvoisin.............	Carvoisin. La Roche-Guyon.
Casernes :	
Garde Municipale....	Nivernais.
Gardes du corps......	Sens.
Gendarmerie.........	Bourdeaux.
Infanterie...........	Grand Prieur du Temple.
Pompiers...........	Pinon de Quincy.
Reuilly.............	Manufacture de Glaces.
Casimir Périer..........	Gesvres.
Cassini................	Cassini.
Castanier.............	Villequier d'Aumont.
Castellan..............	Choisy.
Castellane.............	Berwick. Soyecourt.
Castiglione	La Force. Rochechouart.
Castries...............	Castries. Cossé-Brissac.
Catherine de Médicis....	Soissons. Tuileries.
Catinat...............	Université. Vitry.
Caumartin............	Caumartin. Épernon.
Caumont..............	Caumont. La Force. Motte-Houdancourt.
Cauvisson	Abrantès.
Cavaignac.............	Matignon.
Cavanac...............	Rougemont.

Cavoie................	Matignon. Pons.
Cazeaux................	Périgord.
Cercles :	
— Agricole..........	Beintheim. Mailly.
— des Arts...........	Boufflers.
— Impérial..........	Grimod de la Reynière.
— Jockey-Club.......	Fargèz.
Cérutti................	Cérutti.
Chaalis................	Chaalis.
Chabannais............	Saint-Pouange.
Chabannes............	Chabannes.
Chabot...............	Lorraine. Rohan.
Chabrillant............	Aiguillon. Bonac.
	Maurepas. Pompadour.
Chaillou...............	Brou. Tallard.
Chailly................	Brunet de Chailly.
La Chaise.............	Sourdéac.
Chaix-d'Est-Ange.......	Montholon.
Chalais...............	Comminges.
Chalons...............	Chalons. Le Fèvre.
Chameville............	Juigné.
Chamillard.............	Beauffremont, Conti. Gesvres.
Chamilly...............	Champlâtreux.
Champlâtreux...........	Champlâtreux, Paroy.
Champrenard..........	La Vieuville.
Chanac...............	du Châtelet.
Chancellerie :	
— de France..	Chancellerie.
— de la Légion d'honneur.	Salm.
— d'Orléans...	Argenson.
Chanteclair............	La Vieuville.
Chantemerle...........	Rohan.
Chanteprime...........	Pet-au-Diable.
Chantier du Temple......	Soubise.
Chantosme............	Brancas.

La Chapelle . . . .   Faudoas.
Chaptal . . . .   Boulogne. Broglie.
Chardin Hadancourt . . . . .   Bretonvilliers.
Charet . . . .   Ormesson.
Charlotte Corday . . . .   Herwalt.
Charny . . . .   Armagnac. Charny.
                               Lyonne.
Charollais . . . .   Marche.   Menus-Plaisirs.
                               Nesles.
Charon . . . .   Charost.
Charost' . . . .   Bouillon. Charost.
Le Charron. . . . .   Albret.
Chartraire . . . .   Ventadour.
Chartreux . . . .   Miraulmont. Vendôme.
Chastel . . . .   Bourdeaux.
Chastenay . . . .   La Guiche. La Vaupalière.
Chastenoye. . . . .   Chastenoye.
Chateau d'Eau . . . .   Sillery.
Châteaubriant . . . .   Clermont-Tonnerre.
Châteauneuf . . . .   Chastillon.   Châteauneuf
                               Phélippeaux.
Châteauvieux . . . .   Châteauvieux.
Châteauvillain . . . .   d'O.
Châteauvillars . . . .   Valentinois.
Châtelet . . . .   Châtelet. Lambert.
Châtellerault . . . .   Rohan-Chabot.
Châtillon . . . .   Petit-Bourbon.   Broglie
                               Chastillon.   Clermont.
                               Meaupou .   Montmo-
                               rency. Plessis - Châtil-
                               lon. Rohan - Chabot.
                               Saint-Gelais. La Val-
                               lière.
La Châtre . . . .   La Châtre.
Chaulnes . . . .   Chaulnes. Clermont. Ven-
                               dôme.
Chaumont . . . .   Gouffier.

La Chaussée............... Rougeau.
Chauvelin......... ..... Chauvelin. Guise.
Chavannes................. Foulon.
Chavaudon.............. Aïsy.
Chavigny................. Chavigny. La Force.
Chemillé................. Marigny.
Chemilly................. Béthune.
Chemins de fer :
— P.-L-M......... Récamier.
— Orléans........ Mallet.
Chenard................. Mailly.
Cheniseau.............. Cheniseau.
Chétainville .... Gagny.
Chevalier............... Egmont.
Chevet.................... Croy.
Cheveuc................. Faudoas.
Chevilly................ Chevilly.
Chevreuse.............. Étampes. Longueville.
                        Luynes.
Chevri................. Mazarin.
Chimay................. Bouillon. Le Péletier.
                       Rohan-Chabot.
Chiquet............... La Vieuville.
Choiseul .... Bellisle. Boufflers. Brou
                       Choiseul. Desmarets.
Choisy.................. Choisy.
Chomel................. Vauvray.
Chopin................. Coulanges.
Choux de Bussy .... Caumartin.
Cipières............... Angivilliers.
Clairon................. Ancézune.
Clamart............... Clamart.
Clarembourg........... Clarembourg.
Clary.................. Nicolaï.
Clérambault........... Coulanges.
Le Clerc.............. Bragelonne.
Le Clère.............. Le Clère.

Clérieux................   Hercule.
Clermont................   Petit-Bourbon. Clermont.
                    Créquy. Étampes. Mon-
                    talembert. Saint-Pol.

Clermont-Tonnerre.... . Clermont-Tonnerre.
Clesne................   Clesne.
Clèves................   Étampes. Fieubet. Nevers.
Clichy................   La Boissière.
Clisson................   Soubise.
Cluny................   Cluny.
Coëtanfao ....   Elbeuf.
Cœuvres ....   Ferriol.
Le Cogneux............'. Villars.
Coigny................   Gesvres.
Coislin................   Coislin.
Colbert................   Beaulieu. Colbert. Saint-
                    Pouange.

Coligny................   Montbazon.
Collande'................   Cossé - Brissac. Marche.
Collèges :
    —   Américain........   Archives de Saint-Lazare.
    —   Charlemagne.....   Prévôt de Paris. La Ro-
                    chepot.

    —   Stanislas........   Mailly. Terray.
Coly................   Hollande.
Comans................   Richelieu.
Combault................   Combault.
Combe................   Villeroi.
Combourg............   Fieubet.
Comminges............   Comminges.
Cie des Indes............   Mazarin.
Comptoir d'Escompte.... Clesne.
Comte de Paris.........   Matignon.
Concini................   Nivernais.
Condé........'........   Petit Bourbon. Clermont.
                    Condé. Lassai. Marche
                    Palais Bourbon.

Condorcet.................	Condorcet. Rouault.
Conseil de guerre.........	Toulouse.
Conserans.................	Conserans.
Conservatoire de musique.	Menus-Plaisirs.
Considérant..............	Mailly.
Constitutionnel...........	Argenson.
Contades.................	Contades.
Conti	Angivilliers. Brienne. Conti. Grand Prieur. Lude. Marche. Mazarin. Soyécourt.
Contrôle général des Finances	Beauvais. Contrôleur général.
Le Coq..................	Arselot.
Corbie..................	Condé.
Corberon...............	Estrées.
Corps législatif..........	Lassai. Palais-Bourbon.
Corvisart...............	Lignerac.
Cosnac.................	Lude. Montesquiou.
Cossé..................	Cossé-Brissac . Sauroi Villars.
Cotte-Blanche	Ferriol.
Coubert.................	Coubert.
Couci...................	Pet-au-Diable.
Coudray................	Le Féron. Lépinois.
Coulanges.	Coulanges.
Coupeau	Crussol.
Cour des Chiens.........	Antin. Cour des Chiens.
Courbois...............	Menou.
Courcillon..............	Dangeau.
Courmont...............	Le Tellier.
Courray................	Fieubet.
Courtanveau............	Souvré.
Coustou................	La Feuillade.
Le Couteulx.	du Châtelet.
Coytier.................	Séjour d'Orléans.
Cramault...............	Cramault.

Crécy...................	Charost.
Crédit Foncier...........	Mathan. Présidence de la Chambre. Villequier d'Aumont.
Crédit Lyonnais...	Boufflers.
Crédit Mobilier.....	Lambesc.
Creil..................	Pons. Villacerf.
Créquy.................	Créquy. Elbeuf. Mazarin. Montargis. Montmorency. Retz. Le Tellier.
Crillon.................	Crillon. Merat.
Croix..................	Chastillon. Coulanges.
Crosne.................	Lieutenant-Général de Police.
La Crosse.............	Mailly.
Croy...................	Croy. Maine.
Crozat.................	Choiseul. Crozat.
Crussol................	Crussol. Rambouillet.
Cuisy..................	Leblanc.
Curzay............	La Balue.
Czartoriska.............	Lambert.
Daguesseau.............	Daguesseau. Guerchy. Université.
Daillon................	Lude. Maupeou.
Dainval................	Feuchères.
Dalmatie...............	Périgord.
Damas.................	Damas d'Anlezy.
Dames Blanches........	Tillet.
Dangeau...............	Dangeau.
Dantzig................	Pérusse-Escars.
Dauvet.................	Étampes
Davoust................	Dillon
Debelleyme.:......	Turmeny
Debray.................	Vauvray.
Dédelay................	Fieubet.
Dehéman...............	Saint-Félix.
Delaage................	Fargèz.

De la Haye.............. Lambert.
Delavigne .... Villedo.
Delessert............... Gesvres. Uzès.
Delpech................ Bourgade. Caumartin.
Demidoff............... Bellisle.
Demonville............. Seignelay.
Dépôt d'Artillerie........ Brou.
Dépôts et Consignations.. Bellisle.
Dervieux............... Dervieux.
Desmares............... Villeroi.
Desmarets.............. Desmarets.   Lorraine.
                       Luxembourg.   Valenti-
                       nois.

Dézarnod............... Soyecourt.
Descazeaux............. Morstin.
Deschiens .... Deschiens.
Desègre................ Mascarani
Desèze................. Montbazon.
Desforges.............. Brissac.
Desnoyers.............. Montalembert.
Destillières............ Lecouteulx.
Destutt................ Tracy.
Desvieux .... Mathan.
Dette publique.......... Beautru.
Deux-Ponts............. Conti.
Devillas............... Devillas.
Devinf................. Le Rebours.
Devins .... Fontenay.
Diane de Poitiers........ Aligre. Barbette.
Dillon................. Dillon.
Dirac .... Clesne.
Dodun .... Canillac.
Dognon .... Beauvais.
Domaines .... Beautru. Nivernais. Uzès.
Dombes................ Maine.
Dormans............... Orléans.
Douanes .... Uzès.

4

Doudon................ Foretz.
Douilly................. Desmarets.
Dreneuc................ Dreneuc.
Dreux.................. La Reynie.
Dreux-Brézé............ du Gué.
La Driesche............ Hercule.
Droits-Réunis.......... Mesmes.
Duban................. Novion.
Dubois................. Argenson. Aumont.
Dubourg............... La Trémoille.
Dubreton.............. La Châtre.
Ducloslange........... Villeroi.
Dufay................. Beaumarchais.
Dulau................. Perrégaux. Ventadour.
Dupin................. Clesne. Lambert. Thoi-
                        nard de Vougy.
Dupont .... Gesvres.
Duport................ Châteauneuf.
Du Prat............... Hercule. Sens. Tingry.
Durand................ Estrades.
Duras................. Bouillon. Conti. Duras.
                        Saint-Géran.
Duret................. Brienne. Dangeau. Lude.
                        Mazarin. Sauroi.
Durey................. Intendant de Paris.
Durfort............... Conti.
Du Sommerard.......... Cluny.
Dutillet .... Châteauvieux.
Duval................. Gesvres.
Duverger.............. Dreneuc.
Eaux (Compagnie Géné-
  rale des)............ Tracy.
Eaux Clarifiées........ La Vieuville.
Eckmühl............... Dillon.
École Centrale........ Juigné.
  —   État-Major...... Sens.
  —   Lavoisier........ Chaulnes.

École Massillon............	Fieubet.
— des Mines.........	Vendôme.
— Ponts et Chaussées	Carnavalet.
Ecquevilly...............	Boucherat.
Écuries...........	Beautru. Petit-Bourbon. Crussol. Écuries Comtesse d'Artois. Écuries de Monsieur. Longueville. Mazarin. Monteclère. Phélippeaux. Présidence de la Chambre. Rambouillet. Thun.
Effiat....................	Effiat. La Roche-Guyon.
Égerton.................	Noailles.
Egmont...................	Egmont.
Elbeuf.................	Elbeuf. Villars.
Élysée-Bourbon.........	Élysée.
Empereur de Russie.....	Saint-Florentin.
Enfantin	Thoinard de Vougy.
Entragues..............	Entragues. Étampes. Massérano. Prévôt de Paris.
Épernon	Armenonville. Épernon. Longueville.
Épinay.................	Sommariva.
L'Épine................	Châtillon.
Erceville...............	Rolland.
Erlach.................	Voysin.
Ermitage...............	Caumartin.
Escars	Harcourt. Pérusse-Escars.
Esclignac.............	Esclignac.
Escoubleau.............	Sourdis.
Essling................	Bentheim.
Espagnac..............	Esclignac. Espagnac. Louvois.
Esparbès...............	Faudoas.
Estang................	Aumont. Pastoret.
Este	Harcourt.

Estoménil...............	Sens.
Estourmelles	Estourmelles.
Estouteville............	Comminges. Dillon. Pré- vôt de Paris.
Estrades...............	Estrades.
Estrées...............	Bentheim. Bouchage. Es- trées. Ferriol. Harcourt. Maurepas. Noailles.
Étampes...............	Créquy. Etampes. Ma- yenne. Rohan.
État-Major :	
— Première Di- vision Militaire..	Écuries d'Artois. Évreux.
— de la Place.....	Montargis.
— Garde Nationale.	Grand Prieur du Temple. La Balue. Mallet.
Étiaux	Étiaux
Eu....................	Nevers.
Évêques :	
— de Chartres.....	Étampes. Royaumont.
— de Clermont....	Étampes.
— de Sens........	Sens. La Vieuville.
— de Verdun......	Breteuil.
— de Viviers......	Montmorency.
Évreux................	Elysée. Évreux.
Eynard	Dillon. Tallard.
Falcony...............	Morstin.
Fanny Essler..........	Dreneuc.
Farcheville............	Livry.
La Fare...............	Valentinois.
Fargès................	Bragelonne. Mascarani.
Fargez	Fargez.
Faudoas...............	Faudoas.
Favière...............	Le Féron.
Favras	Breteuil.
La Fayette............	La Fayette. Forcalquier. Guéménée.

Feltre..................	Harcourt.
Fénelon................	Fénelon.
Ferlet.................	Ferlet.
Fermes................	Fermes. Longueville.
Fermiers Généraux......	Fermes.
Fernand-Nunès..........	Soyecourt.
Le Féron..............	Le Féron.
La Ferrière...........	La Ferrière. Meslay.
Ferrières.............	Montesquiou.
Ferriol...............	Ferriol.
La Ferté.............	Chastillon. Choiseul. Clarembourg. La Feuillade. Menou.
Fescamp..............	Fescamp.
Fesch	Montfermeil.
Feuchères............	Feuchères.
La Feuillade..........	La Feuillade. Massiac. Saint-Chaumont.
La Feuillée..........	Novion.
Feuquières...........	Feuquières.
Le Fèvre.............	Le Fèvre. Mayenne.
Feydeau..............	Brou.
Fézensac.............	Abrial.
Fieubet	Fieubet. Nicolaï.
Filles Pénitentes.......	Soissons.
Fitz-James	Saint-Florentin.
Flamarens............	Puisieux. Séguier.
Flandre	Flandre.
Flavigny	Mailly.
Flers................	Chabannes.
Flesselles...........	Canillac. Le Tellier.
Fleury	Joly de Fleury. Novion. Terray.
Foix.................	Noailles.
Fontaine............	Fontaine.
Fontenay............	Fontenay. Gesvres. Juigné.

Forcalquier............	Forcalquier.
La Force.............	La Force.
Foretz	Foretz.
Fortette.............	Langlois.
Forts (des)	Le Péletier.
Foucault............	Vauvray.
Fouché.............	Valbelle.
Fougères............	Fougères.
Foulon.............	Foulon.
Fouquet............	Bellisle. Fouquet.
Fourcroy............	La Trémoille.
Fourcy.............	Fourcy.
Fraignes	Fraignes.
Frascati............	Lecouteulx.
Frémont............	Conti.
F. F. Doctrine Chrétienne.	Montmorin.
Fresnoy............	Choisy.
Friant..............	Intendant de Paris.
Fronsac............	Richelieu.
Furstemberg.......... .	Maurepas.
Gagny..............	Gagny.
Galaisière...........	Gouffier.
Galande............	Sillery.
Galeries : Colbert et Vi-vienne.......	Beautru.
— de Fer......	Boufflers.
Galiera.............	Matignon.
Galland............	Trudaine.
Gallard	Gallard.
Galley.............	Villeroi.
Galliffet............	Galliffet. Maurepas.
Galliot.............	La Basinière. La Vieu-ville.
Gamaches...........	Fraignes.
Ganneron et Gouin......	Augny.
Garancières	Villequier d'Aumont.
La Garde............	Fieubet. La Garde.

Garde-Meuble	Petit Bourbon. Ministère de la Marine.
Gardes du Corps	Sens.
Gateaux................	Poitiers.
Gaucourt...............	Fieubet.
Gaulchery.............	Charny.
Géminy	des Juifs.
Génie Militaire	La Trémoille.
Genlis.................	Sillery.
Genoillac..............	La Vieuville.
Le Gentilhomme........	Prévôt de Paris.
Germain...............	Humières.
Gervais................	Villeroi.
Gesvres................	Gesvres.
Giac...................	Prévôt de Paris.
Gilbert des Voisins	Mirabeau.
Giroux................	Bertin.
Gluck.................	Beauffremont.
Gobelins	Gobelins.
Godot de Girolles........	Angennes.
Gondi.................	Bouchage. Choisy. Condé. Lesdiguières.
Gontaut...............	Biron.
Gouffier...............	Desmarets. Gouffier.
Gourgues..............	Gourgues. Ormesson.
Gournay...............	Gournay. Guerchy.
Goussainville..........	Nicolaï.
Gouy d'Arcy...........	Gouy d'Arcy.
Gouverneur de Paris.....	Évreux.
Gramont	Ancézune. Etampes. Gramont.
Grancey...............	Bérulle. Ménars. Tillet.
Grand Prieur...........	Grand Prieur.
La Grange.............	Montargis.
Grange-Batelière........	Pinon.
La Granville...........	Laval.
Graville	Prévôt de Paris.

Greffulhe...............	Rovigo.
Grignan...............	Grignan.
Grimaldi	Matignon.
Grimberghen...........	Lude.
Grimm................	Sommariva.
Grimod	Grimod de la Reynière.
Grimonville	La Force.
Grivel................	Puisieux.
Gruin................	Pimodan. Sourdis.
Gué..................	du Gué.
Guébriant.............	Guébriant. Mortemart.
Guéménée.............	Guéménée.
Guénégaud............	Albret. Boucherat. Conti. Lautrec.
Guénoux	Mailly.
Guerchy..............	Guerchy. Rupelmonde.
La Guesle	Châteauvieux.
Guiche...............	Bérulle. Châtelet. Devillars. La Guiche. Saint-Géran.
Guierche	Villequier d'Aumont.
Guillaume	Prévôt de Paris.
Guillotin..............	Gesvres.
Guimard	Perrégaux.
Guise................	Guise. Luxembourg. Soubise.
La Guistade...........	La Guistade.
Guyet................	Guyet.
La Haie	Novion.
Hainaut...............	Prévôt de Paris.
Hallay	Morstin.
Halle aux Blés..........	Soissons.
Halle aux Cuirs.........	Bourgogne.
Hallevin	Hercule.
Hallier...............	Massiac.
Halwil...............	Bouligneux.
Hameau de Chantilly.....	Elysée.

Hameaux (des)............	Rohan.
Happey...................	Beaumarchais. Le Féron. La Vieuville.
Harcourt.................	La Ferrière. Harcourt. Locmaria.
Hardy	Montgelas.
Haricots.................	Hôtel des Haricots.
Harlay...................	Aligre. Harlay. Luxembourg.
Harveley.................	Harvelay.
Harville.................	Bellisle. Guéménée. Ursins.
Haucourt.................	Mailly.
Haussonville.............	Guerchy. Lignerac.
Hautefeuille.............	Beaune.
Hauteville...............	Michodière.
Havré....................	Maine.
Havrincourt.............	Havrincourt.
Hayes (des)	La Force.
Helvétius................	Serpente.
Hémery..................	Hémery.
Hemet	Ménars.
Herbouville.............	Lorraine.
Hérins..................	La Basinière.
Hertford................	Aubeterre. Brancas.
Hervalt.................	Hervalt.
Hervart.................	Armenonville.
Hervas.................	Saint-Florentin.
Hesselin................	Ambrun.
Hinnisdal	Hinnisdal.
Hocquart...............	Maupeou. Montfermeil.
Hoguier......	Villeroi.
Hollande...............	Hollande.
Le Hon.................	Récamier. La Vaupalière.
Honcourt	Mailly.
Hope	Monaco.

Hospital ou Hôpital......	Bignon. Hôpital. Massiac. Pet-au-Diable. Uzès.
Hôtels : Autriche........	Longueville.
— des Barres	Charny.
— de la Barre........	Prévôt de Paris.
— Bayard...........	Sauroi.
— Beautreillis.......	Royal Saint-Paul.
— des Carneaux.....	Orléans. La Trémoille.
— Coupeaux	Clamart.
— Couronne d'Or....	La Trémoille.
— La Curée........	La Curée.
— Dauphin..........	La Rochefoucauld.
— des Ébattements..	Royal Saint-Paul.
— de l'Éléphant.....	Séjour d'Orléans.
— Étampes.........	Royal Saint-Paul.
— des Fusées	Canillac.
— Garancières.......	Villequier d'Aumont.
— des Haricots......	Haricots.
— Hanovre	Antin.
— Hercule..........	Hercule.
— Hostriche........	Longueville.
— Jaune............	Zone.
— des Juifs.........	des Juifs.
— des Marmousets..	Prévôt de Paris.
— Mélusine	Plessis-Châtillon.
— Mézières.........	Mézières.
— du Pain..........	Nesmond.
— du Petit-Musc....	Mayenne.
— Petit-Paradis.....	Sourdis.
— La Pissotte.......	Royal Saint-Paul.
— de la Police	Lieutenant-Général de Police.
— du Pont-Perrin...	Mayenne.
— Porc-Épic........	Prévôt de Paris.
— Puteymuce	Royal Saint-Paul.
— Quatre-Pavillons..	Rambouillet.
— Rhin.............	Le Péletier.

Hôtels : de la Reine...... Royal Saint-Paul.
— La Rose.......... Gramont.
— Saint-Diffri....... Montesquiou.
— Salé............ Juigné.
— Saint-Maur....... Royal Saint-Paul.
— Serpente .... Serpente.
— Thoré.......... Albret.
— de Travers........ Antin.
— des Ventes......., Bullion.
— Vieux-Pont....... Elbeuf.
Hôtel Royal Saint-Paul.. Fieubet. Mayenne. Royal
  Saint-Paul, La Vieuville.

Houdetot.............. Entragues.
La Houssaie............ Daguesseau.
La Housse............. Séguier.
Hutin................ La Balue.
Humières............. Humières.
Hurault.............. Royaumont.
Illy................. Saint-Chaumont.
Imbercourt............ Aligre.
Imécourt............. Imécourt.
Imprimerie Nationale.... Strasbourg. La Vrillière.
Infantado.............. Saint-Florentin.
Institut.............. Nesle.
Intendance Militaire...... Bercheny.
Intendant de Paris...... Intendant de Paris.
Invault.............. Turgot.
Isabelle de Bavière....... Barbette. Orléans.
Jaback............... Jaback.
Jalabert.............. Valentinois.
Janin................ Saint-Mesmes.
Jarnac .... Jarnac.
Jars................ Coislin.
Jassaud .... Jassaud. Prévôt de Paris.
  Ventadour.
Jaucourt............. Jaucourt. Nicolaï.
Jean-sans-Peur.......... Bourgogne.

Jeannin	Crussol.
Jésuites	Bouchage. Mézières. Prévôt de Paris. La Rochepot.
Jockey-Club..............	Fargèz.
Joly.....................	Joly de Fleury. Novion.
Jouvenel	Ursins.
Jouy	Clermont. Jouy.
Joyeuse	Bouchage. Caumartin.
Juigné...................	Bouillon. Juigné.
Jumillac	Voysin.
Kellermann..............	Lude.
Kerhoënt.	Elbeuf.
Kernevenoy	Carnavalet.
Kerveneau..............	Elbeuf.
Klein....................	Ancézune.
Kunsky	Kunsky.
Laborde.................	Laffitte.
Labrosse...............	Venise.
Lacurne-Saint-Palaye....	Coislin.
Lacroix.................	Galiffet.
Laffitte.................	Laffitte.
Lafon...................	Maurepas.
Lagrange................	Montholon.
Laillier.................	Taranne.
Lallemand..............	Uxelles.
Lambert	Fougères. Lambert. Locmaria.
Lambesc................	Lambesc.
Lamoignon..............	Lamoignon.
La Lande...............	Hollande.
Langlée.................	Mazarin.
Langlois...	Langlois. Université.
Lanjuinais..............	Valbelle.
Lannes.................	Rochechouart.
Lannion.................	Lannion.
Lanty...................	La Guiche.

Lanquetot...............	Elbeuf.
Laon.....................	Châtillon.
Lapeyrière	Montbazon.
Laplace	Brancas.
Larrey...................	Sillery.
Lassalle.................	Louvois de Lassalle.
Lassai...................	La Guiche. Lassai.
Latour...................	Villedo.
Laumont............:....	Noailles.
Lauraguais..............	Brancas. Lassai.
Lauriston	Charost.
Lautrec.................	Lautrec.
Lauzun	Lautrec. Mazarin. Pimodan.
Laval	Brancas. Laval. Sillery. Soubise.
Lavallée................	Pimodan.
Lavalette............,...	Fieubet. Langlois.
Lavardin...............	Coulanges. Guéménée.
Law....................	Mesmes.
Lazárites	Lorges.
Leblanc................	Leblanc.
Lebrun	Broglie. Lubert. Noailles.
Lechanteur....	Ambrun.
Lecouteulx.............	Châtelet. Lecouteulx.
Lefèvre-Lefébure........	Caumartin. Condorcet. Des Juifs. Machault. Pérusse-Escars. Torpanne.
Lefort..................	Feuquières.
Legendre......	Egmont. Marche.
Légion d'honneur........	Estrées. Salm.
Leleu	Turmeny.
Lelièvre.................	Montholon.
Lemaitre...............	Lemaitre.
Lenoir	Lieutenant-Général de Police.

Lenclos................ Lenclos.
Léon.................. Rohan-Chabot. Roquelaure. Sourdéac.
Lepeultre .... Marigny.
Lépine................. Bellisle.
Lépinois .... Lépinois.
Leroi du Roulé......... Breteuil.
Lescalopier............ Lescalopier. Richelieu.
Leschassier............ Mortemart.
Lesdiguières........... Gramont. Lesdiguières. Retz. Roquelaure.
Léseau................ Des Juifs.
Lesparre.............. La Guiche. Lassai.
Lespinasse .... Asfeld.
Levasseur............. Livry.
Lhuillier.............. Saron.
Liancourt .... La Rochefoucauld. La Roche-Guyon.
Librairies : A. Aubry.... Daguesseau.
— Bossange....... Brancas. Talaru.
— Didot........... Rosambo.
— Hachette .... Foretz.
— Furne et Cie... Châteauvieux.
— Illustration ..... Talaru.
— Maire-Nyon.... Sillery.
— Panckoucke.... Serpente. De Thou.
— Plon .... Sourdéac.
— Renouard....... Brancas.
— Treuttel et Wurtz Lauragais.
Lieutenant au Chatelet.. Hervalt.
— Civil.......... Argouges.
— Criminel ...... Ambrun.
— de Police...... Lieutenant-Général de Police.
Lieutraud.............. Salm.
Liéven .... Saint-Florentin.
Lignerac.............. Lignerac.

Ligneris................	Carnavalet.
Ligny................	La Basinière. Ligny.
Lionne................	Contrôleur Général. Gesvres.
Liste civile............	Châtelet. Évreux.
Lits militaires..........	Lambert.
Livry................	Bourdeaux. Livry.
Lobeau................	Bentheim.
Locmaria	Locmaria.
Lœvenberg............	Rougemont.
Loge Maçonnique des Neuf-Sœurs..........	La Curée.
Longueville............	La Force. Longueville. Montbazon.
Lorges................	Conti. Lorges.
Lorraine............	Armagnac. La Curée. Elbeuf. Esclignac. Étampes. La Ferrière. Lorraine. Nesmond. Villars.
Loterie................	Mazarin.
Louet................	Orléans.
Louis XVI............	Grand Prieur.
Louvois................	Fargez. Louvois. Louvois de Lassalle.
Louvre................	Louvre.
Lowendal............	Villedo.
Loynes................	Arras.
Lubersac............	Soudéac. Soyecourt.
Lubert................	Lubert.
du Luc................	Vougny.
Lude................	Lude. Maupeou.
Luillier	Chancellerie.
Lusignan............	Argenson. Plessis-Châtillon.
Lussac................	La Roche-Guyon.
Lussan................	Lussan.

Luxembourg............. .... Arras. Châtillon. Le Fèvre.
                              Guerchy. Harcourt.
                              Luxembourg. Saint-Pol.
                              Royaumont.
Luynes................. Étampes. Longueville.
                              Luynes. Nivernais.
Lyon................... Lyon.
Lyonne................. Lyonne.
Machault............... Machault.
La Macque.............. Sicile.
Madaillon.............. La Guiche.
Magasins :
   —   Chaussée-d'An-
          tin.......... Perrégaux.
   —   Marie Stuart... Saint-Chaumont.
   —   Pauvre Jacques   Hôpital.
   —   Petit   Saint-
          Thomas..... Université.
   —   Pont-Neuf. ... Monnaie.
   —   Porcelaine de
          Sèvres...... Jaback.
   —   Toiles de Jouy. Jaback.
Magendie............... La Fayette.
Magnon................. Turgot.
Magny.................. Vauvray.
Magon.................. La Balue.
Maignelay.............. Bouchage.
Maillé................. Maillé. Monteclère.
Maillebois............. Fontaine. Valentinois.
Mailly................. Breuil. Brienne. Mailly.
Maine.................. Biron. Maine. Mayenne.
Mainville.............. Breteuil.
Mairies :
   —   de Paris......... Lieutenant Général de
                              Police.
   —   1er Arrondissem.. Beauvau. Contades.
   —   2e   —   Augny. Pinon.

Mairies de Paris :
— 3e Arrondissem.. : Intendant de Paris.
— 7e — Beauvilliers. Villars.
— 8e — Contades. Villedeuil.
— 9e — Augny. Aumont.
— 11e — Soudéac.
Maison Dorée........... Cérutti.
Maisons............... Roquelaure. Soyecourt.
Maissemi............... Dangeau.
Le Maistre .... La Ferrière.
Malestroit.............. Foretz.
Malet................. Prévôt de Paris.
Mallet................ Mallet. Le Rebours.
Malo.................. Serizy.
Mandat................ La Basinière. Valentinois.
Mansard .... Lenclos. Montargis.
Manufacture de Glaces... Manufacture de Glaces.
Marbeuf............... Bloin.
Marcay................ Gesvres.
Marchand............. Crussol.
Marche................ Marche. Rambouillet.
La Marck.............. Intendant de Paris.
                      La Marck.
Maret................ La Salle.
Mareuil............... Fieubet. Gesvres.
Marigner.............. La Roche-Guyon.
Marigny......... ...... Gramont.   Longueville.
                      Marigny. Séguier.
Marillac............... La Trémoille.
Marion Delorme........ Guéménée. Le Péletier.
Marle................ Marle.
Marmont.............. Brunoy. Raguse.
Marolles .... Retz.
Marquet.............. Rougemont.
A. Marrast............ Broglie.
Mars................. La Cour - des - Chiens,
                      Pons. Uxelles.

Marsan........................	Ferriol. Villeroi.
Martelet Saint-Jean......	Pet-au-Diable.
Martigues.................	Maurepas.
Martin-Fumée...........	Marle.
Martonne.................	La Salle.
Mascarani...............	Langlois. Mascarani.
Masserano	Masserano.
Massiac..................	Massiac.
Mathan..................	Mathan.
Matignon................	Biron. Crussol. Matignon. Sens. Villeroi.
Mauconseil.............	Orléans.
Maulévrier	Barbette. Maulévrier. Saumery.
Maupas	Jassaud.
Maupeou................	Maupeou.
Maurepas................	Maurepas.
Maurin..................	Beauvais.
Mauroy.................	Luxembourg.
Mayenne................	Mayenne.
Mazade..................	Villequier d'Aumont.
Mazarin........	Brienne. Charost. Choiseul. Mailly. Mazarin. Rohan.
Médicis.................	Luxembourg. Soissons.
Meiland.................	Tessé.
Méjanes.................	Brutelle.
Melion..................	Tanlay.
Mello	Etiaux.
Ménars.................	Ménars.
Menou...................	Livry. Menou.
Menus-Plaisirs	Menus-Plaisirs.
Mérat..................	Mérat.
Mérault.................	Clesne.
Le Mercier.............	Tillet.
Mercœur................	Vendôme.
Merlin de Douai........	Mirepoix.

Merville................	La Tour-du-Pin.
Mesgrigny..............	Mortemart.
Meslay.................	Meslay. Richelieu.
Mesmes.................	Beauvilliers. Mesmes. Orléans.
Mesnard	Clesne.
du Mesnil..............	Rougeau.
Messageries royales......	Samuel Bernard.
Le Métayer.............	Tessé.
Meudon................	Séjour d'Orléans.
Meynaud........... ...	Villedo.
Mézières...............	Mézières. Rohan.
Micault	Harvelay.
Michaut...............	Villeflix.
Michodière............	Champlâtreux. Michodière.
Mines.................	Noailles. Vendôme.
Minimes...............	Bouchage.
Ministères :	
— Affaires étrangères.......	Bertin.
— Agriculture, Commerce..	Lude. Roquelaure.
— Finances.....	Contrôleur-Général. Mazarin. Montmorency.
— Guerre.......	Aiguillon. Brienne. Castries. Maine. Noailles.
— Instruction publique......	Rochechouart.
— Intérieur.....	Beauvau. Marche. Villars.
— Justice.......	Chancellerie.
— Marine.......	Ministère de la Marine.
— Trésor.......	Mazarin.
Miossens...............	Albret.
Mirabeau...............	Clesne. Mirabeau.
Miraulmont	Miraulmont.
Mirepoix...............	Mirepoix.

Miromesnil...............	Assy. Coislin.
Miron....................	Caumartin.
Missonnier...............	Brunet de Chailly.
Modène..................	Harcourt.
La Moisson.............	Lude.
Molé....................	Ambrun. Champlâtreux. Paroy. Roquelaure. La Vaupalière.
Monaco.................	Matignon. Monaco. Université. Valentinois.
Monceaux...............	La Salle.
Monerat................	Ambrun.
Monerot................	Gramont.
Monnaie...............	Conti. Monnaie.
La Monnoye...........	Clarembourg.
Monsieur..............	Luxembourg.
Mont de Piété.........	Devillas. Lussan.
Montagu..............	Sourdéac.
Montaigu..............	Barbette. Hôtel des Haricots. Prévôt de Paris.
Montalembert..........	Montalembert.
Montalivet............	Lambert.
Montaran.............	Bourdeaux. Villeflix.
Montargis.............	Mazarin. Montargis.
Montataire............	Mortemart.
Montausier............	Rambouillet.
Montbazon............	Guéménée. Montbazou.
Montboissier..........	Avejan. Canillac.
Montbriseuil..........	Morstin.
Montchevreuil.........	Montchevreuil.
Montebello...........	Rochechouart.
Monteclère...........	Monteclère.
Montesquiou..........	Écuries de Monsieur. Montesquiou.
Montesson............	Montesson.
Montfermeil..........	Montfermeil.
Montfort.............	Forêtz.

Montgelas...............	Montgelas.
Montgeron...............	Montesquiou.
Montholon...............	Montholon. Montmort. Valentinois.
Montigny...............	Clermont-Tonnerre. Guébriant.
Montmartel...............	Brunoy. Mazarin.
Montmélian.............	Effiat.
Montmorency...........	Albret. La Basinière. Beaune. Brancas. Brévannes. Chabannes. Le Fèvre. Guerchy. Harcourt. Humières. Laval. Luxembourg. Matignon. Montmorency. Mortemart. Retz. La Rochepot. Royaumont. Sourdis. Tingry.
Montmorin..............	Montmorin.
Montmort...............	Lude. Montmort.
Montpensier............	Bouchage. Petit-Bourbon. Fermes. Luxembourg. Nesmond.
Montréal...............	Montréal.
Montrevel...............	Novion.
Montriblout............	Epernon.
Montsorreau............	Université.
Morangis...............	Foulon. Le Rebours. Venise.
Moras..................	Bergeret. Biron.
Moreau.................	Fougères. Lépinois. Nicolaï.
Morel-Vindé............	Gramont.
Moreton................	Maurepas. Pompadour.
Morlet.................	Lorraine.
Mormant...............	Machault.
Moron..................	Moron.

Morstin................	Morstin.
Mortagne...............	Mortagne.
Mortemart.............	Beauvilliers. Mortemart. Nicolaï.
Mortier...............	Humières.
Morveau..............	Morveau.
Moskowa..............	Laffitte.
La Motte..............	Chabannes.
Motte-Houdancourt......	Motte-Houdancourt.
Mouchy............. ...	Carvoisin. Coulanges. Laffitte.
Mousquetaires..........	Mousquetaires Gris.
	— Noirs.
Moussy................	Séguier.
Mouy.................	Auneuil. La Curée.
Murat................	Élysée. Thélusson.
Musard...............	Osmond.
Musée de la ville de Paris.	Carnavalet.
Musée du Luxembourg...	Luxembourg.
Muy..................	Montmorency.
Muzeau...............	Lorraine.
Nangis...............	Saumery.
Nansouty.............	Dangeau.
Nantau...............	Uxelles.
Nantouillet.............	Hercule.
Narbonne..............	Narbonne-Pelet.
Naugude..............	Rovigo.
Navailles.............	Villars.
Navarre...............	Lyon. Séjour d'Orléans. Reine-Blanche. Soubise.
Necker................	Récamier.
Nègre.................	Ormesson.
Nemours...............	Châtillon.
Neshé.................	Montesquiou.
Nesles................	Nesles. Soissons.
Nesmond..............	Nesmond.
Neufchâtel.............	Poitiers.

Neuville ou Neufville....	Lesdiguières.Longueville. Tuileries. Villeroi.
Nevers...............	Conti. Mazarin. Nesles. Nevers. Villequier-d'Aumont.
Ney	Roure. Saint-Germain.
Nicolaï...............	Argouges. Chaulnes. Lignerac. Nicolaï. Tallard. Thoinard de Vougy.
Ninon de Lenclos........	Lenclos.
Nivernais	Nivernais.
Noailles..............	Bournonville. Noailles. Roure.
Nocé.................	La Balue.
Nogent...............	Castries.
Nointel	Saint-Pouange.
Le Noir..............	Aumont.
Noirmoutiers..........	Le Rebours. Sens.
Nonce Apostolique......	Ambrun. Auvergne. Berwick.
Nourry...............	Mortagne.
Noviciat des Jésuites.....	Mézières. Prévôt de Paris.
Novion...............	Novion.
d'O	Etampes.Longueville.d'O.
Oberkampf............	Boufflers.
Ogier	Pimodan.
Ollonne..............	Thoinard de Vougy.
Onzembray...........	Dangeau. Matignon. Villeroi.
Oratoire	Bouchage. Saint-Pol.
Orgemont.............	Orgemont.
Orléans	Combault. Fermes. Grand-Prieur. Luxembourg. Mesmes. Montesson. Nivernais. Orgemont. Palais-Royal. Prevôt de Paris. Soissons. La Trémoille.

Ormesson...............	Mayenne.Ormesson.Sourdis. Saint-Géran.
Ormoy.................	Crussol.
Orry..................	Beauvais.
Orsai.................	Clermont.
Osmond...............	Osmond.
Ostrevant.............	La Force.
Otrante	Valbelle.
Outremont............	Argouges.
Ouvrard..............	Montesson.
Pagès................	Valentinois.
Paillard..............	Clamart.
Pajot................	Caumartin. Villeroi.
Palais :	
— Bourbon........	Palais Bourbon.
— Cardinal.........	Palais-Royal.
— du Directoire....	Luxembourg.
— d'Orléans........	Luxembourg.
— des Pairs........	Luxembourg.
— Royal..........	Palais-Royal.
— de Saint-Louis...	Premier Président.
— du Sénat........	Luxembourg.
— des Tournelles..	Orgemont.
La Pallu..............	Rohan.
Paloiseau	Guéménée.
La Palue..............	Saint-Géran. Séguier.
Pange................	Bourdeaux.
Panoramas (Passage des)	Luxembourg.
La Panouse............	Montbazon.
Pantigny..............	Caumont.
Paphos	Hôpital.
Papillon..............	Vic.
Paris................	Brunoy.
Parent-Duchâtel.........	Ambrun.
Paroy................	Paroy.
Pas	Feuquières.
Pastoret..............	Pastoret.

Pidoux.................	Écuries Comtesse d'Artois. Fraignes.
Piémont................	Reine Blanche.
Piennes................	Hercule.
Pierre le Grand.........	Lesdiguières.
Pileur.................	Brévannes. Vauvray.
Pimodan...............	Pimodan.
Pincot.................	Marigny.
Piney.................	Luxembourg.
Pinon.................	Pinon. Pinon de Quincy.
Pisani.................	Rambouillet.
Pisseleu...............	Etampes.
Pithou................	Beaupreau.
Plaisance.,............	Broglie. Noailles.
Plessis................	Aiguillon. Clesne. Le Féron. Maurepas. Montgelas. Pastoret. Plessis-Châtillon. Saint-Gelais. Le Tellier.
Plouville..............	La Châtre.
Poisson................	Chancellerie. Gramont. Marigny.
Poitiers...............	Barbette.Hercule.Poitiers
Police.................	Bernage. Mazarin. Villeroi.
Polignac.	Polignac. Rohan.
Polizy.................	Fargès.
Pommeret.............	Valentinois.
Pommereul............	Carnavalet. Pommereul.
Pompadour	du Châtelet. Elysée. Pompadour.
Pompes funèbres.......	Tillet.
Pomponne	Guéménée. Massiac. Monaco. Pomponne. Vougny.
Pons..................	Mailly. Pons. Roquelaure, Uxelles. Villeroi.

Pont.....................	Tallard.
Ponchartrain............	Contrôleur Général. Gramont.
Ponte-Corvo............	Nicolaï.
Ponts et Chaussées......	Châtelet.
Poquelin................	Lubert.
Porcherie Saint-Antoine.	Lamoignon.
Portail.................	Novion.
Portalis................	Breteuil.
Portsmouth.............	Beauffremont.
Postes.................	Armenonville. Longueville.
Potier.................	Gesvres.
Poultier...............	Pinon de Quincy.
Poyet.................	Daguesseau.
Pozzo-di-Borgo........	Pozzo-di-Borgo.
Praslin................	Bellisle. Sébastiani.
Préameneu.............	Clermont.
Préfecture :	
— de Paris......	Lambesc.
— de Police.....	Premier Président.
Premier Président.......	Premier Président.
Présidence :	
— de la Chambre.	Présidence de la Chambre.
— du Conseil	
— d'Etat........	Villeroi.
— du Corps Législatif.......	Lassay.
— du Sénat.....	Petit-Bourbon.
Presles................	Auguier. Villeroi.
Preuilly...............	Preuilly.
Prévôt de Paris........	Prévôt de Paris.
Prince Eugène..........	Torcy.
Princesse Palatine.......	Petit-Bourbon.
Pujol	Bergeret.
Pussort	Noailles.
Puységur...............	Rouault.

Puisieux................	Aligre. Puisieux.
Quémadeuc..............	Béthune.
Querhœnt...............	Querhœnt.
La Queuille............	La Queuille.
Quévin	Le Féron.
Quincy.................	Pinon de Quincy.
Quinze-vingts..........	Mousquetaires Noirs.
Rachel.................	Chaulnes.
Racine.................	Rannes.
Ragny..................	Ventadour.
Le Ragois.............	Bretonvilliers.
Raguse.................	Brunoy. Raguse.
Rambouillet............	Palais-Royal. Rambouillet.
Rançonnette............	Beaumarchais.
Rancy	Carnavalet.
Rannes.................	Rannes. Séguier.
Rapp	Brancas. Montmorin.
Ravannes	Dillon.
Ray....................	Ray.
Réal...................	Écuries Comtesse d'Artois.
Rebenac................	Fargez.
Le Rebours.............	Le Rebours.
Récamier...............	Récamier.
Recette Générale des Finances	Mesmes.
du Refuge..............	Vougny.
Régnard ou Renart.......	Régnard.
Regnault...............	Thun.
Reichl.................	Gesvres.
Reille.................	Comminges.
Reine Blanche..........	Marle. Reine Blanche.
Reine Hortense.........	Saint-Jullien.
Reine Marguerite.......	Lautrec. Mazarin. Mirabeau. Reine-Marguerite. La Rochefoucaud. Sens.

Religieuses :
— Augustines. Grand Prieur du Temple.
— de Fécamp. Serpente.
— Nativité de Jésus..... Rouillé.
— de la Retraite.... La Guiche.
— de Saint-Gervais... d'O.
Religieux de Sainte-Geneviève..'............... Orléans.
Remigeau.............. Jaback.
Reneaulme............ Turgot.
Renouard............. Ferriol.
Rentilly............... Le Clère.
Retz.................. Choisy. Condé. Lesdiguières. Retz. Vendôme.
Revillon.............. Titon.
La Reynie............. La Reynie.
La Reynière........... Choiseul. Grimod de la Reynière.
Ribère............... Novion.
Richard.............. Montbazon.
Riche................ Cérutti.
Richelieu............. Antin. Petit-Bourbon. Brienne. Galliffet. Maurepas. Noailles. Palais-Royal. Richelieu.
Richemont............ Prévôt de Paris.
Richepanse........... Richepanse.
Rieux................ Hollande. Sourdéac.
Rigny................ Saint-Chamans.
Rivié................ Luxembourg.
Rivière.............. Rivière.
Robeck.............. Beaune.
Robertson........... La Boissière
Robillard............ Elbeuf.

Robinet.................	La Garde.
La Roche-Aymon.........	Daguesseau.
Rochebrune........	La Curée.
Rochechouart...........	Beauvilliers. Châtelet. Coislin. Montmort. Nicolaï. Rochechouart.
Rochefort..............	Hollande .
La Rochefoucauld.......	Auvergne. Bouchage. Fontaine. La Force. La Rochefoucauld. La Suze
La Roche-Guyon........	La Roche-Guyon. Soubise.
La Rochejacquelin......	Maurepas.
La Rochepot...........	La Rochepot.
La Roche-sur-Yon......	Mazarin.
Rocquencourt..........	Aligre.
Rœderer...............	La Vaupalière.
Roger du Nord.........	Clesne.
Rohan.................	Argenson. Guéménée. Rohan-Soubise. Strasbourg.
Rohan-Chabot..........	Rohan-Chabot.
Le Roi de France.......	Hercule. Nesles. Palais Bourbon. Palais-Royal, Royal Saint-Paul. Tuileries.
Roise.................	Angennes.
Rolland...............	Rolland.
Rome.................	Pavillon du Roi.
Romeri	Breteuil.
Roquelaure...........	La Force. Lude. Roquelaure.
Rosambo..............	Rosambo.
Rosbeck..............	Fontaine.
Rothelin.............	Marche.
Rothembourg.........	Croy.
Rothschild	Egmont. Rovigo. Saint-Jullien. Saint-Florentin.

Rotrou	Rotrou.
Roquelaure	Béringhen. Bérulle.
Rouault	Rouault.
Roucy	Châtillon.
Rougé	Angennes.
Rougeau	Rougeau.
Rougemont	Rougemont.
Rougevin	Laffitte. Rohan-Chabot.
Rouillé	Le Féron. Meslay. Pastoret. La Reynie. Richelieu. Rouillé. Villequier d'Aumont. La Vrillière.
Roulé	Breteuil.
du Roure	Comminges. Roure.
Rousseau	Caumont. Marle.
Rouvroy	Foulon.
Rovigo	Rovigo.
Royaumont	Royaumont.
Roye	Roye.
Rozay	Turgot.
Rubempré	Mailly.
Ruffec	Bentheim.
du Rumain	Chauvelin.
Rupelmonde	Rupelmonde.
La Sablière	Rambouillet.
Sabran	Béthune.
Sachet	Hinnisdal.
Sacré-Cœur	Archives de Saint-Lazare. Biron.
Sainctôt	Sainctôt.
Sainte-Agnès	Le Tellier.
Saint-Aignan	Beauvilliers. La Briffe. Novion. Ventadour.
Saint-Anastase	d'O.
Saint-Chamans	Saint-Chamans.
Saint-Chaumont	Saint-Chaumont.

Saint-Clair	Trudaine.
Sainte-Claire	Beauvais.
Saint-Cyr	La Garde.
Sainte-Elisabeth	Boucherat.
Saint-Fargeau	Effiat. Le Péletier.
Saint-Faron	Saint-Faron.
Saint-Félix	Saint-Félix.
Saint-Firmin	Ecuries de Monsieur.
Saint-Florentin	Saint-Florentin.
Sainte-Foix	Osmond.
Saint-Gelais	Saint-Gelais
Saint-Georges	Clesnes.
Saint-Géran	Saint-Géran.
Saint-Germain	Beauvais. Saint-Germain.
Saint-James	Noailles. Sens.
Saint-Jean	Titon. Zone.
Saint-Jean d'Angely	Thun. Turmeny.
Saint-Jullien	St-Jullien. St-Pouange.
Sainte-Marthe	Scipion.
Saint-Maur	Charny.
Saint-Maurice	Thélusson.
Sainte-Mesme	Pet-au-Diable. Sainte-Mesme.
Saint - Paul - Saint - Louis (église)	La Rochepot.
Saint-Pol	La Force. Saint-Pol.
Saint-Pons	Thélusson.
Saint-Port	Beauffremont.
Saint-Pouange	Saint-Pouange.
Saint-Priest	Bergeret. Monteclère.
Saint-Sacrement	Ecuries de Monsieur. Turenne.
Saint-Sauveur	Montbazon.
Saint-Simon	Beauvais. Coulanges. La Force. Foulon. Périgord. Querhœnt.
Saint-Thierry	Pons.

Saint-Thomas..........	Crussol.
Saint-Victour-Senneterre.	Saint-Victour-Senneterre.
Saint-Vincent-de-Paul....	La Vallière.
Saisies et Recettes.......	Tessé.
Saisseval..............	Saisseval.
Saligny...............	Bloin.
Salisbury.............	Arras.
La Salle..............	La Salle.
Salles................	Bentheim.
Sallier...............	Michodière.
Salm.................	Salm.
Samuel Bernard..........	Rougemont. Samuel-Bernard.
Sancerre..............	Etampes. Hercule. Saint-Pol.
Sanci................	Luxembourg.
Sanguin..............	Bourdeaux. Vic.
Sardini..............	Scipion.
Saron................	Saron.
Sartines.............	Sartines.
Sassenage............	Morstin. Tallard.
Saulx................	Créquy.
Saumery.............	Saumery.
Sauroi...............	Sauroi.
Sauveterre...........	Crussol.
Sauvigny.............	Intendant de Paris.
Savary..............	Lorraine. Rovigo.
Savoie..............	Châtillon. Tuileries.
Savoisi..............	Lorraine.
Saxe................	Sébastiani.
Schickler...........	Crozat.
Schneider..........	Imécourt.
Schomberg..........	Aligre.
Schwatzemberg.......	Montesson.
Scipion.............	Scipion.
Sébastiani..........	Sébastiani.
Séchelles...........	Thévenin.

Séguier................	Étampes. Fermes. Mirabeau. Rougeau. Séguier.
Séguin.................	Clermont. Hôpital.
Ségur..................	Tillet.
Seignelay..............	Charost. Seignelay.
Seillière..............	Monaco. Thun.
Seissac................	Clermont.
Séjours :	
— d'Étampes......	Mayenne.
— d'Orléans.......	Châteauvieux. Mesmes. Orléans. Séjour d'Orléans.
Selves.................	Nesmond.
Senneterre.............	Choiseul. Clarembourg. La Feuillade. Saint-Victeur-Senneterre.
Sénosan...............	Coislin.
Sens..................	Sens. La Vieuville.
Septeuil...............	Bertin. Mathan.
Sérizy................	Sérizy.
Serpente..............	Serpente.
Serrurier.............	Raguse.
Sicile................	La Force. Orléans. Sicile.
Sillery...............	Aligre. Sillery.
Sévigné...............	Carnavalet. Coulanges.
Seymour...............	Brancas.
Sœhnée................	Breuil.
Sœurs de Troyes........	Brinvilliers.
Soissons..............	Soissons.
Sommariva.............	Sommariva.
Sonning...............	Sonning.
Sordière..............	Sourdéac.
Soubise...............	Soubise. Soyecourt.
Soult.................	Périgord.
Sourches..............	Université.
Sourdéac..............	Sourdéac.
Sourdis...............	Sourdis.

Souvré....................	Fargez. Souvré.
Souzy....................	Le Péletier.
Sovion....................	Bergeret.
Soyecourt...............	Pozzo-di-Borgo. Soye-court.
Sparre...........	Marche.
Spinola.................	Harcourt.
Staël....................	Salm.
Strasbourg..............	Strasbourg.
Stonville................	Rouault.
Suchet..................	Albuféra. Bloin.
Sully....................	Roquelaure. Sully.
La Suze.................	La Suze.
Synagogue	Pet-au-Diable. Villedeuil.
Taillepied...............	Lecouteulx.
Talaru..................	Talaru.
Tallard..................	Bretonvilliers. Tallard.
Talleyrand	Créquy. Fargèz. Matignon. Périgord. Saint-Florentin.
Tallien..................	Cérutti.
Talma...................	Condorcet.
Talmond................	Maurepas. Rohan-Chabot. Talmond. La Trémoille.
Talon....................	Créquy.
Tambonnneau...........	Villeroi.
Tamney..................	Dreneuc.
Tancarville..............	La Force.
Tanlay..................	Tanlay.
Tapis d'Aubusson.......	Montholon.
Taranne	Taranne.
Tavannes................	Poitiers.
Taylor..................	Rosambo.
Télégraphes	Villeroi.
Le Tellier...............	Fargez. Le Tellier.
Temple	Grand Prieur.
Tencin..................	Saumery.

Ternaux..................	Massiac.
du Terrail..............	Sauroi.
Terrat......	Brancas.
Terray..................	Aumont. Terray.
Tessé..................	Maurepas. Tessé. Ville-roi.
Thayer..................	Asfeld.
Théâtres :	
— Historique....	Foulon.
— Lyrique.......	Foulon.
— Opéra.........	Choiseul. Gramont. Louvois.
— Petit Théâtre..	Dreneuc.
— Variétés.......	Luxembourg.
— Vaudeville.....	Balincourt. Montmorency Rambouillet.
Thélusson	Thélusson.
Thérouanne.............	Arras. Châtillon.
Thévenin...............	Thévenin.
Thiboutot..............	Chabannes.
Thiroux................	Bentheim. Choiseul. Lieutenant-Général de Paris. Thiroux.
Thoinard de Vougy......	Thoinard de Vougy.
Thoix..................	Gouffier.
Thomé..................	Thomé. Villedeuil.
Thorigné...............	Turgot.
Thorigny...............	Crussol. Lambert. Matignon.
Thou	Thou.
Thouvenin	Ménars.
Thuillier..............	Pet-au-Diable.
Thun..................	Thun.
Tiercelin..............	Tuileries.
Tillet..................	Albret. Brunet de Chailly. Épernon. Tillet. Titon.
Tillières	Osmond.

Tingry...................	Guerchy. Matignon. Tingry.
Titon....................	Tillet. Titon.
Tivoli...................	La Boissière.
Tollard	Villeroi.
Le Tonnelier............	Breteuil.
Tonnerre................	Tessé.
Torcy...................	Bezons. Pet-au-Diable. Torcy.
Torpanne	Torpanne.
La Touane...............	Ferriol.
Toulouse................	Antin. Toulouse. La Vrillière.
La Tour du Pin..........	La Tour du Pin.
La Tour Maubourg.......	Rohan-Chabot.
Les Tournelles..........	Orgemont.
Le Tourneur............	Berne.
Tourville................	Tourville.
Tourzel.................	Harcourt.
Tracy...................	Tracy.
Traynel.................	Ursins.
La Trémoille............	du Bouchage. Egmont. Rohan-Chabot, Sens. La Trémoille.
Tresmes................	Angivilliers. Gesvres. Ormesson. Tresmes.
Trésorier...............	Trésorier.
Trévise.................	Humières.
Tripier.................	Lussan.
Trudaine...............	Trudaine.
Tubeuf.................	Bezons. Mazarin.
Tuileries...............	Tuileries.
Turenne................	Turenne.
Turgot.................	Sully. Turgot. Trudaine.
Turmeny................	Thomé. Turmeny.
Tyron..................	Nesmond.
Union Chrétienne.......	Saint-Chaumont.

Université...............	Université.
Ursins	Guéménée. Ursins.
Uxelles...............	Uxelles.
Uzès..................	Crussol. Rambouillet. Uzès. Vaudreuil.
Valbelle...............	Valbelle.
Valenciennes...........	Crussol.
Valentinois............	Barbette. Matignon. Monaco. Université. Valentinois.
La Valette.............	Armenonville.
Vallemare.............	Chancellerie.
La Vallière............	Conti. La Vallière.
de Vallière............	Montgelas.
Valmy................	Lude.
Valois................	Lamoignon.
Valton...............	Monaco.
Vandières.............	Gramont.
Van Eyck.............	Beauvais.
Varangeville...........	Rupelmonde.
La Varenne............	Souvré.
Le Vasseur............	Turenne.
Vaubécourt	Beauffremont.
Vaucanson.............	Mortagne.
Vaudémont.............	Mayenne.
Vaudreuil.............	Vaudreuil.
La Vaupalière..........	La Vaupalière.
Vauréal...............	Châtelet.
Vauvray...............	Vauvray.
Le Vayer..............	Boulogne.
Vendeuil..............	Coulanges.
Vendôme..............	Rambouillet. Rohan-Chabot. Vendôme.
Venise................	Venise.
Ventadour.............	Rohan-Chabot. Ventadour.
Vérac.................	Angennes.

Verderenne	Beauvau.
Verniquet	Thiroux.
Verthamont	Aligre.
Vertillac	Chabannes.
Vertron	du Chatelet.
des Vertus	Béthune.
Vérue	Toulouse.
Veuillot	Boulogne.
Vic	Vic.
Vicence	Saint-Germain.
Victor Hugo	Guéménée.
Vielle	Richelieu.
Vienne	Brac.
Le Vieulx	Guébriant.
Vieuxbourg	La Guiche.
Vieux Temple	Pet-au-Diable.
La Vieuville	Beaumarchais. Beausang. Châteauvieux. Longueville. La Vieuville.
Vigan	Sully.
Vignerot	Aiguillon.
Vignolles	Sillery.
Villacerf	Villacerf.
Villarceaux	Brunet de Chailly. Pomponne.
Villars	Pons. Rupelmonde. Villars.
Villayer	Châteauvieux.
de Ville	Saumery.
Villedeuil	Villedeuil.
Villedo	Villedo.
Villeflix	Villeflix.
Villegagnon	Beaupréau.
Villegenoux	Hôpital.
Villèle	Jarnac.
Villemaloux	Massiac.
Villemoisson	Coulanges.

Villequier	Rohan. Villequier-d'Au-mont.
Villeret	Périgord.
Villermaréchal	Charron.
Villeroi	Juigné. Lesdiguières. Longueville. Torcy. Villeroi.
Villeron de Cambis	Sourdis.
Villers	Mailly.
Villette	Elbeuf. Villette.
Villiers	Caumartin. Villeroi.
Vintimille	Vougny.
Visconti	Uxelles.
La Viste	Hercule.
Vitry	Charron. Saint-Géran. Vitry.
Voisenon	Villacerf.
Voltaire	Villette.
Vosgien	Boyne.
Vougy	Thoinard de Vougy.
de Vouges	La Vieuville.
Vougny	Vougny.
Voullous	Vauvray.
Voyer	Marche.
Le Voys	Miraulmont.
Voysin	Voysin.
La Vrillière	Maurepas. La Vrillière.
Wagram	Bertin. Monaco.
Warin	Beringhen.
Wenzel	Sauroi.
Xavier	Sébastiani.
Zamet	Beauvais. Lesdiguières.
Zone	Zone.

TABLE

DES HOTELS

CITÉS ET CLASSÉS PAR RUES, QUAIS

PLACES ou BOULEVARDS

Bac......................	Boulogne. Clermont-Tonnerre. Dillon. La Feuillade. Galliffet. Mousquetaires Gris. Roye. Valbelle. La Vallière.
Barbette................	Estrées.
Barillerie...............	Trésorier.
des Barres...............	Charny.
des Barrés..............	Barbeaux.
Basse-du-Rempart.......	Balincourt. Chevilly. Montmorency. Osmond.
Beaune..................	Mailly.
Beautreillis.............	Charny. Lyonne. Monaco.
Bergère................	Clesne, Menus-Plaisirs. Rougemont.
Bernardins..............	Brac. Torpanne.
Béthizy.................	Montbazon.
Blancs-Manteaux........	Novion.
Boissy-d'Anglas.........	Abrantès. Grimod de la Reynière. Raguse.
Bondy..................	Aligre. Rosambo.
Bons-Enfants...........	Argenson. Plessis-Châtillon. La Roche-Guyon.
Boudreau	Imécourt.
Boulevard Beaumarchais.	Beaumarchais.
— des Italiens....	Boufflers. Brancas.
— Poissonnière .	Montholon.
— du Temple....	Foulon.
Bouloi..................	Fermes. Lude. La Reynie.
Bourdonnais............	La Trémoille. Villeroi.
Bourtibourg............	Argouges.
Braque.................	Champlâtreux.
Caumartin..............	Aumont.
Cerisaie................	Lesdiguières.
La Chaise...............	Béthune. Vaudreuil.
Charles V..............	Brinvilliers. Maillé.

Charlot...................	Brévannes. La Garde. Mascarani. Retz. Sauroi. Serizy. Sourdis. Turmeny.
Charenton..............	Gournay. Mousquetaires Noirs. Rambouillet.
Charonne	Mortagne.
Chaussée-d'Antin........	Mallet. Montfermeil. Perrégaux. Récamier. Sommariva.
Cherche-Midi...........	Clermont-Tonnerre. Monteclère. Montmorency. Pérusse-Escars. Toulouse.
Cléry	Leblanc. Lubert.
Clichy.................	La Boissière.
Condé.................	Condé.
Coq...................	Bouchage.
Coq-Héron......	Gesvres. Phélippeaux. Thoinard de Vougy.
Coquillière.............	Laval. Soissons.
Cours du Palais (Cité)...	Premier Président.
Coutellerie.............	Boucot.
Croix-des-Petits-Champs .	Gesvres. Lussan. Maulevrier.
Culture-Sainte-Catherine.	Carnavalet. Le Péletier. Pinon de Quincy.
Cuvier (Seine)...........	Vauvray.
Daguesseau.............	Armaillé. La Marck.
Dauphine..............	La Curée.
Deux-Ecus	Brissac.
Deux-Portes...........	Coislin.
Drouot................	Augny. Fargès. Gramont.
Enfants-Rouges.........	Tallard.
Enfer	Chaulnes. Vendôme.
Enfer (Cité).............	Chavigny.

Faubourg-Saint-Honoré.	Beauvau. Bloin. Brunoy. Charost. Chastenoye. Daguesseau. Duras. Egmont. Elysée. Feuquières. Guébriant. Montbazon. Ray. Sébastiani. Vaupalière.
Faubourg-Saint-Martin...	Boynes. Tillet.
Fer-à-Moulin............	Scipion.
Figuier.................	Sens.
Filles-Saint-Thomas.....	Bignon de Blanzy.
Foin...................	Marle.
Francs-Bourgeois........	Albret. Bourdeaux. Brunet de Chailly. Le Clère. Langlois. Le Tellier.
Fromenteau.............	Souvré.
Garancière.............	Sourdéac.
Geoffroy-l'Asnier........	Le Fèvre. Preuilly.
Grand-Chantier.........	Choiseul. Coislin. Machault. Michodière. Montgelas. Thomé. Villeflix. Vougny.
Grange-Batelière........	Choiseul. Pinon.
Grenelle	Auguier. Avaray. Beauvais. Berwick. Bonac. Châtelet. Créquy. Estourmelles. Feuquières. Fontaine. Harcourt. Lamoignon. La Marche Maurepas. Motte-Houdancourt. Pompadour. Puisieux. Rochechouart Saint-Victour-Senneterre. La Salle. Sens. Villars.
Harpe..................	Forez.

Hautefeuille............	Cramault. Fescamp. Joly de Fleury. Miraulmont.
Hôtel Colbert..........	Colbert.
Jacob	Rosambo.
J.J. Rousseau..........	Armenonville. Bullion. Fermes. Le Tellier.
Jeûneurs	Deschiens. Gesvres. Talmond.
Jour	Royaumont.
Jouy	Aumont. Chaalis. Fourcy. Jouy.
Juifs	Juifs.
Laffitte...............	Aubeterre. Cérutti. Harvelay. Laffitte. Rovigo. Saint-Jullien.
Lille	Ancézune. Bellisle. Bentheim. Béthune. Carvoisin. Charost. Dangeau. Écuries de la Comtesse d'Artois. Forcalquier. Humières. Lannion. Lauraguais. Maine. Montmorency. Rouault. Roure-Saisseval. Salm. Torcy. Valentinois.
Lions-Saint-Paul........	Le Féron.
Louis-le-Grand	Egmont.
Lourcine	Zone.
Maçons	La Ferrière.
Mail	La Cour des Chiens.
Massérano........ ...	Massérano. Richepanse.
Mathurins.............	Cluny.
Meslay	Meslay.
Mézières	Mézières.
Michel-le-Comte........	Bouligneux. Ferlet. Lemaître. Mérat. Thiroux.
Monnaie............ ...	Monnaie.

5·

Monsieur...............	Archives de Saint-Lazare. Condé. Écuries de Monsieur. Jarnac.
Montmartre.............	Charost. Seignelai. Uzès.
Montreuil..............	Titon.
Mouffetard.............	Gobelins.
La Muette..............	Clamart.
Neuve-des-Capucines ...	Bertin. Lieutenant-Général de Police. Nathan. Villequier d'Aumont.
Neuve-des-Petits-Champs.	Beautru. Bouillon. Contrôleur Général. La Feuillade. Hémery. Mazarin. Saint-Pouange. Thévenin.
Neuve-Saint-Augustin ...	Antin. Auneuil. Conti. Desmarets. Fériol. Gesvres. Gramont. Pomponne. Sartines. Uxelles.
Neuve-Saint-Merri.......	Le Rebours.
N.-D.-des-Champs........	Mailly. Terray.
N.-D.-des-Victoires	Hôpital. Samuel Bernard.
Oratoire................	Étampes. Saint-Pol.
Orléans	Brissac.
Orléans-Saint-Honoré....	Aligre.
Orléans (Saint-Marcel)....	Orléans.
Palatine................	Beauvau.
Paradis.................	Assy. Berne. Breteuil. Canillac. Nicolaï, Raguse. Soubise.
Parc Royal.............	Canillac.
Pavée (Marais)..........	La Force. Lamoignon. Lorraine.
Pavée-Saint-Sauveur.....	Bourgogne.
Payenne................	Argouges. Maupeou. Rouillé.
Pet-au-Diable............	Pet-au-Diable.

Petit Bourbon...........	Petit Bourbon. Choisy.
Place du Carrousel......	Armagnac. Tuileries.
Place de la Concorde....	Coislin. Crillon. Fougères. Ministère. de la Marine. Pastoret.
Place Royale...........	Beausang. Breteuil. Chabannes. Châtelet. Chaulnes. Coulanges. Dangeau. Estrades. Etiaux. Gagny. Guéménée. Lépinois. Lescalopier. Menou. Orgemont. Ormesson. Pavillon du Roi. Richelieu. Rohan. Rotrou. Saint-Géran. Talmond. Tessé. Villacerf. Villedeuil.
Place Vendôme.........	La Balue. Beaumont. Bourgade. Brutelle. Chancellerie. Crozat. Evreux. Feuchères. Lambesc. Montargis. Le Péletier. Présidence de la Chambre.
Place des Victoires......	Massiac.
Poitevins...............	Thou.
Portefoin...............	Turgot.
Poulies.................	Angivilliers. Combault. Créquy. Longueville. Villequier d'Aumont.
Provence...............	Dreneuc. Gouy d'Arcy. Montesson. Thélusson. Thun.
Plumet (Oudinot)........	Abrial. Montmorin.
Quai d'Anjou...........	Marigny. Pimodan. Tessé.
Quai de l'Archevêché.....	Archevêché.

Quai Béthune, des Balcons ou Dauphin............	Ambrun. Bretonvilliers. Richelieu. Sainctôt. Saint-Félix.
Quai Bourbon..........	Jassaud.
Quai des Célestins.......	Beaumarchais. Fieubet. Nicolaï. Saint-Mesmes.
Quai Conti.............	Conti. Nesles. Sillery.
Quai des Grands-Augustins	Etampes. Hercule.
Quai Malaquais............	La Basinière. Bouillon. Lautrec. Mazarin. Morstin.
Quai d'Orléans..........	du Bosc.
Quai de la Tournelle....;	Nesmond. Rolland.
Quai Voltaire............	Beauffremont. La Briffe. Choiseul. Tessé. Villette.
Regard.....	Beaune. Châlons. Croy. Devillas. Du Gué. La Guiche. Montréal.
Reine-Blanche...........	Reine-Blanche.
Reuilly.................	Manufacture de Glaces.
Richelieu...............	Albergotti. Andrezel. Bérulle. Breuil. Caumont. Choiseul. Coislin. Crussol. Guyet. Lecouteulx. Louvois. Ménars. Sonning. Talaru.
Roquette...............	Montalembert.
Saint-André-des-Arts	Arras. Châteauvieux. Lyon. Nevers. Séjour d'Orléans.
Saint-Antoine...........	Beauvais. Mayenne. Prévôt de Paris. La Rochepot. Royal-Saint-Paul. Sully.
Saint-Claude	Harlay.

Saint-Denis..............	Saint-Chaumont.
Saint-Dominique	Asfeld. Auvergne. Boulogne. Brienne. Broglie. Chastillon. Comminges. Dillon. Guerchy. Havrincourt. Kunsky. Lignerac. Lude. Luynes. Matignon. Mirepoix. Monaco. Mortemart. Poitiers. Roquelaure. Rupelmonde. Saumery. Seignelay. La Trémoille.
Saint-Florentin.........	Saint-Florentin.
Saint-Gilles.,..........	Venise.
Saint-Guillaume........	Créquy. Daguesseau. Mortemart.
Saint-Honoré...........	Aligre. Du Bouchage. Bournonville. Luxembourg. Noailles. Palais-Royal. Sillery. Vendôme.
Saint-Lazare...........	Saint-Germain. Valentinois.
Saint-Louis (Turenne)...	Boucherat. Caumartin. Châteauneuf. Gourgues. Tanlay. Tresmes. Turenne. Villedo. Vitri. Voysin.
Saint-Louis-en-l'Isle	Charron. Cheniseau. Fénelon. Fontenay. Gallard. Lambert.
Saint-Marc	Luxembourg.
Saint-Martin............	Tourville. Vic.
Saint-Merri	Jaback.
Saint-Nicaise...........	Béringhen. Crussol. Elbeuf.

Saint-Paul..............	Angennes. Lignerac. La Vieuville.
Saints-Pères...........	Bernage.Chabannes.Chauvelin. Cossé-Brissac. La Force. Fraignes. Pons.
Saint-Thomas du Louvre.	Gramont. Longueville. Rambouillet.
Saussaies..............	Faudoas. Paroy. Tillet.
Séguier (Pavée).	Châtillon. Daguesseau. Séguier.
Seine.................	Mirabeau. Reine Marguerite. La Rochefoucauld.
Serpente	Serpente.
Sèvres................	Lorges. Querhoënt.
Taranne...............	Conserans. Taranne.
Temple	Beauvilliers. Caumartin. Fouquet. Grand-Prieur. Hôpital. Mesmes. Montmort. La Trémoille.
Thorigny..............	Juigné.
Tixeranderie...........	Reine-Blanche. Sicile.
Tournelles.............	Lenclos.
Tournon	Brancas. Entragues. Nivernais. Ventadour.
Tuileries..............	Régnard.
Université.............	Aiguillon. Aligre. Arselot. Beaupréau. Bragelonne. Brou. La Châtre. Clarambourg. Coubert. Guéménée. Guise. Lassai. Livry. Locmaria. Mailly. Montesquiou. Moron. Mortemart. Noailles. Palais-Bourbon. Périgord. Pozzo-di-Borgo. Rougeau. Saron. Soyecourt. Université. Villeroi.

Ursins	Ursins.
Varennes...............	Angennes. Aubeterre. Biron. Boisgelin. Broglie. Castries. Clermont. Gouffier. Jaucourt. Matignon. Narbonne-Pelet. Novion. La Rochefoucauld. Rohan. Rohan-Chabot. Saint-Gelais. La Suze. Tingry. Villeroi.
Vaugirard..............	Petit-Bourbon. Elbeuf. Hinnisdal. Laval. Luxembourg. La Trémoille. Vendôme.
Vendôme..	Bergeret. Intendant. de Paris.
Verneuil...............	Aiguillon. Avejan. Bercheny. Bouville. Guistade. Montchevreuil. Montesquiou. Morveau.
Verrerie...............	Pomponne. Saint-Faron.
La Victoire............	Condorcet. Dervieux. Saint-Chamans.
Vieilles-Haudriettes......	Brodion. Grignan. Trudaine.
Vieille-du-Temple	Argenson. Barbette. Effiat. Épernon. Hollande. d'O. Pommereuil. Strasbourg. La Tour-du-Pin.
Vieux-Augustins.........	Flandre. Hervalt.
Ville-l'Évêque	Albuféra. Espagnac. Rouault.
Visconti................	Rannes.
Vivienne	Bercy. Bezons.
La Vrillière.............	La Vrillière.

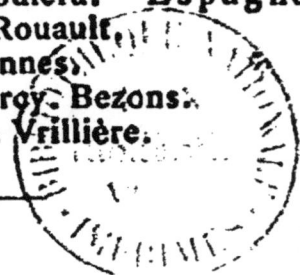

TABLE GÉNÉRALE

TYPOGRAPHIE

EDMOND MONNOYER

LE MANS (Sarthe).

www.ingramcontent.com/pod-product-compliance
Lightning Source LLC
Chambersburg PA
CBHW072051080426
42733CB00010B/2084